Herzlich Willkommen!
Deutsch für Anfänger

개정판 초급독일어

Herzlich Willkommen!

Deutsch für Anfänger

초판 1쇄 발행 2013년 3월 5일
초판 14쇄 발행 2025년 8월 20일

편저자 서울대학교 인문대학 독어독문학과
교양독일어교재 편찬위원회

펴낸곳 서울대학교출판문화원
주소 08826 서울 관악구 관악로 1
도서주문 02-889-4424, 02-880-7995
홈페이지 www.snupress.com
페이스북 @snupress1947
인스타그램 @snupress
이메일 snubook@snu.ac.kr
출판등록 제15-3호

ISBN 978-89-521-1407-5 (03750)

개정판 초급독일어

Herzlich Willkommen!

Deutsch für Anfänger

서울대학교 인문대학 독어독문학과
교양독일어교재 편찬위원회

서울대학교출판문화원

머리말

우리는 오늘날 국제화시대에 살고 있다. 인터넷을 기반으로 하는 각종 매체의 발달로 세계가 말 그대로 '지구촌'이 된 지금, 이러한 매체의 발달에 상응하는 의식수준과 문화적 소양을 갖추는 것이 필요하다. 새로운 매체의 발달로 활짝 열린 정보화시대에 보다 많은 정보를 획득하고 다양한 문화권의 사람과 소통하기 위해서는 외국어 구사능력이 필수적이다.

고등학교까지 영어에 대한 집중적인 교육이 이루어졌다면, 대학에서는 영어 외 제2외국어에 대한 교육이 본격적으로 이루어져야 한다. 다원화된 사회에 걸맞은 다원적 시각을 지니기 위해서는 다양한 사회와 문화를 접할 수 있어야 하며, 이를 위해 제일 먼저 필요한 것은 바로 해당 국가의 언어를 배우는 일이다. 물론 우리가 모든 언어를 다 배울 수는 없는 일이지만, 미래를 선도할 젊은이라면 영어 외에 제2외국어를 하나 더 구사하는 것은 선택이 아니라 필수라고 하겠다.

시대적 변화에 따라 우리가 선택할 수 있는 제2외국어의 폭도 그만큼 더 넓어졌다. 제2외국어는 단순히 유행을 따르기보다는 뚜렷한 목적의식과 필요에 따라 선택하는 것이 중요하다. 독일어는 시대적 상황의 변화에도 불구하고 제2외국어 가운데 가장 중요한 언어 중 하나로서의 지위를 여전히 유지하고 있다. 역사 및 철학, 문학, 사회학, 음악 등 유럽의 사상과 예술 전반을 이해하기 위해서는 유럽문화의 중심이 되는 언어인 독일어를 배울 필요가 있다. 이러한 학술어로서의 의미 외에도 독일어는 유럽 정치와 경제의 중심지로서 독일이 갖는 의미와 관련해 언어의 실용성 차원에서도 중요성을 지닌다.

이 책은 대학에서 독일어를 공부하려는 학생들을 염두에 두고 집필되었다. 기존 문법중심의 교재에서 탈피해 실질적인 의사소통이 가능하도록 회화에도 많은 비중을 두었다. 하지만 외국인으로서 독일어를 배우는 사정을 고려해 탄탄한 문법지식을 쌓을 수 있도록 노력하였으며, 습득한 문법지식을 충분히 연습할 수 있도록 효과적인 연습문제를 제공한다. 또한 단순히 의무감이나 필요에 의해서가 아니라 흥미를 갖고 자발적으로 학습할 수 있도록 언어학습의 일환으로 역할극과 게임 등을 활용하기도 하였다. 그 밖에도 독일어를 배우면서 동시에 독일어권의 문화를 같이 습득할 수 있도록 다양한 사회·문화적 정보를 제공한다. 이 책과 더불어 서울대학교 독어독문학과 LAB 홈페이지(http://german.snu.ac.kr/lab)에 있는 자료를 활용한다면 말하기와 듣기 실력까지 향상시킬 수 있을 것이다.

아무쪼록 이 책이 독일어를 공부하고자 하는 모든 사람에게 길잡이 역할을 할 수 있기를 바란다.

서울대학교 인문대학 독어독문학과
교양독일어교재 편찬위원회

차례

Lektion 1
Alphabet und Aussprache

1. Das Alphabet

인쇄체		필기체		발음
A	a	A	a	a:
B	b	B	b	be:
C	c	C	c	tse:
D	d	D	d	de:
E	e	E	e	e:
F	f	F	f	ɛf
G	g	G	g	ɡe:
H	h	H	h	ha
I	i	I	i	i:
J	j	J	j	jɔt
K	k	K	k	ka:
L	l	L	l	ɛl
M	m	M	m	ɛm
N	n	N	n	ɛn
O	o	O	o	o:

인쇄체		필기체		발음
P	p	P	p	pe:
Q	q	Q	q	ku:
R	r	R	r	ɛr
S	s	S	s	ɛs
T	t	T	t	te:
U	u	U	u	u:
V	v	V	v	fau
W	w	W	w	ve:
X	x	X	x	ɪks
Y	y	Y	y	'ʏpsilɔn
Z	z	Z	z	tsɛt
Ä	ä	Ä	ä	ɛ:
Ö	ö	Ö	ö	ø:
Ü	ü	Ü	ü	y:
ß		ß		ɛs'tsɛt

2. Die Aussprache

1) 모음(Vokale)

A. 장모음과 단모음

① a(a) [a:] da, fahren	[a] hallo, fallen
② e(e) [e:] Lehrer, See	[ɛ] hell, lernen
	[ə] Name, komme

» [ə]는 항상 강세 없이 발음된다.

» 강세가 없는 모음 e가 자음 r과 결합하면 [ɐ]로 발음된다. (예, Mutter, Lehrer)

③ i(e) [i:] Berlin, Miete	[ɪ] ich, Mitte

» 모음 i 뒤에 e가 나오면 장모음 [i:]로 발음된다. 단 ie가 강세를 받지 않는 경우에는 [iə]로 발음된다. (예, Asien, Familie)

④ o(o) [o:] Sohn, Boot	[ɔ] von, kommen
⑤ u [u:] gut, Beruf	[ʊ] und, Mund
⑥ ä [ɛ:] Bären, schläft	[ɛ] Ärztin, Getränke
⑦ ö [ø:] schön, hören	[œ] Wörter, Köln
⑧ ü [y:] süß, fühlen	[ʏ] dünn, füllen

» 모음 뒤에 자음이 두 개 이상 나오면 단모음이 된다. (예, hallo, Mitte, kommen, Mund) 단, 변화형의 경우에는 기본형의 모음길이에 따른다. (예, schlafen—schläft)

» 모음 뒤에 h가 나오면 h는 묵음이 되고, 그 앞에 나오는 모음이 길게 발음된다. (예, fahren, sehen, Sohn)

B. 복모음

① au [aʊ]	Haus, Frau
② eu [ɔʏ]	heute, Freund
äu	Käufer, Räuber
③ ai [aɪ]	Mai, Laib
ay	Bayern, Mayer
ei	nein, allein

2) 자음(Konsonanten)

A. 유성음과 무성음 b/p, d/t. g/k

① b [b] bin, Beruf [p] Dieb, lieb

p [p] Post, Papier

② d [d] der, Dame [t] Hand, Mund

t, dt, th [t] Tag, halt, Schmidt, Theater

③ g [g] gut, Magen [k] Tag, Burg

k, ck [k] kalt, welken, dick, zurück

» c로 시작하는 외래어 명사의 두음은 [k]로 발음된다. (예, Cola, Computer)

» b, d, g가 말음에 놓이면 각각 무성음 [p], [t], [k]로 발음된다. (예, Dieb, Hand, Tag)

B. 유성음과 무성음 s, v/f

① s [z] sehen, Sohn [s] Haus, Maus

» s는 모음 앞에서 유성음 [z]로 발음된다.

② v [v] Vase, Verb [f] von, Vater

f [f] Familie, helfen

» 독일어 철자 w는 [v]로 발음된다. (예, wir, was, Wetter)

C. 기타 자음

① l [l] lesen, Glück

r [r] Herz, trinken

② j [j] ja, Jahr

③ ß [s] Fuß, Maß

④ ng [ŋ] eng, singen

nk [ŋk] denken, Onkel

⑤ ch [ç] echt, ich, Bücher, durch

[x] Bach, Buch, doch

» ch는 모음 i, e, ä, ö, ü와 자음 n, l, r 뒤에서는 [ç]로 발음되고, a, o, u 뒤에서는 [x]로 발음된다.

⑥ chs [ks] sechs, Fuchs

⑦ z, ts, tz [ts] Zeit, rechts, jetzt, Katze

tsch [tʃ] Deutsch, tschüs

⑧ sch [ʃ] schön, Schule
sp [ʃp] spielen, Sport
st [ʃt] Student, stehen

3) 강세규칙

A. 2음절 단어

① 'Abend, 'Arbeit, 'Bruder, 'Eltern, 'Hamburg, 'Lehrer, 'Schule, 'Sonne, 'Wetter

② 'bitten, 'heißen, 'kennen, 'kommen, 'leben, 'machen, 'schwimmen, 'wohnen

③ 'alles, 'gerne, 'heute, 'immer, 'leider, 'später

» 2음절로 이루어진 단어는 일반적으로 첫 음절에 강세가 온다.

» 외래어 단어는 첫 음절에 강세를 받지 않는 경우가 흔히 있다. (예, Ber'lin, Ca'fé, Mu'sik, mö'bliert)

B. 전철의 강세

① 'ab|fahren, 'an|kommen, 'aus|steigen, 'auf|fallen, 'ein|schlafen, 'mit|fahren, 'vor|haben, 'zu|sagen

» 분리전철 ab-, an-, auf-, aus-, ein-, mit-, vor-, zu- 등에는 강세가 온다.

② be'kommen, emp'fehlen, ent'decken, er'zählen, ge'fallen, miss'brauchen, ver'stehen, zer'stören

» 비분리전철 be-, emp-, ent-, er-, ge-, miss-, ver-, zer- 등에는 강세가 오지 않는다.

C. 접미사의 강세

① Ge'sundheit, 'Sauberkeit, 'Fräulein, 'Prüfung, 'Lehrer, 'Freundschaft, 'wunderbar, 'zweifelhaft, 'fleißig, 'herzlich

» 파생접미사 -heit, -keit, -lein, -ung, -er, -schaft와 -bar, -haft, -ig, -isch, -lich 등에는 강세가 오지 않는다.

② Stu'dent, Na'tion, Universi'tät, Pia'nist, stu'dieren

» 외래어 접미사 -ent, -ion, -tät, -ist, - ieren 등에는 강세가 온다.

Übungen

Übung 1 lang oder kurz?

1. **a** – fahren, Haar, halb, Hand, Kaffee, Vater
2. **e** – geben, jetzt, lehren, lernen, Tee, Welt
3. **i** – Berlin, Bibel, bitte, Film, Miete, sitzen
4. **o** – holen, kommen, offen, rot, Sohn, Sonne
5. **u** – Buch, Fuß, gut, Luft, Mutter, und

Übung 2 stimmhaft oder stimmlos?

1. **b** – Baum, Bruder, Dieb, halb, leben, selbst
2. **d** – Deutsch, finden, Hand, Land, Mund, Wind
3. **g** – Burg, geben, Gott, sagen, Tages, Zug
4. **s** – Glas, Haus, Häuser, Nase, sagen, Sommer
5. **v** – brav, naiv, Vase, Vater, Verb, von

Übung 3 [au], [ɔy] oder [ai]?

1. Frau, Fräulein, Haus, Häuser, heute, Räuber
2. allein, Bayern, Bein, Deutsch, Freund, leider

Übung 4 [ç] oder [x]?

1. ach, Buch, dich, doch, echt, hoch, höchst
2. Chemie, durch, Koch, Milch, München, solch

Übung 5 [s], [ʃ] oder [tʃ]?

1. bist, fast, sprechen, Sport, Stunde, stehen
2. Deutsch, Dolmetscher, schön, Schule, Schiff, tschüs

Lektion 2
Guten Tag!

Dialog

Minho Kim kommt aus Korea. Er ist Student. Klaus Schmidt ist Lehrer.

Klaus Schmidt:	Guten Tag! Ich heiße Klaus Schmidt. Und wie heißen Sie?
Minho Kim:	Ich heiße Minho Kim.
Klaus Schmidt:	Herr Kim, woher kommen Sie?
Minho Kim:	Ich komme aus Korea. Und Sie?
Klaus Schmidt:	Ich komme eigentlich aus Hamburg. Aber ich wohne jetzt in Berlin.
Minho Kim:	Ich wohne in München. Dort studiere ich. Was machen Sie beruflich?
Klaus Schmidt:	Ich bin Lehrer. Kommen Sie mal nach Berlin? Sie sind immer herzlich willkommen.
Minho Kim:	Vielen Dank. Auf Wiedersehen!
Klaus Schmidt:	Auf Wiedersehen!

Wörter und Phrasen

kommen [동] 오다; aus [전] …로부터; der Student, die Studenten 대학생; der Lehrer, die Lehrer 교사, 선생님; heißen [동] …라고 불리다, 이름이 …이다; der Herr, die Herren …씨; eigentlich [부] 원래; wohnen [동] 거주하다; jetzt [부] 지금; in [전] …안에, …에서; dort [부] 거기에서; studieren [동] (대학에서) 공부하다; machen [동] 하다; beruflich [부] 직업적으로; (ein)mal [부] (요구, 독촉, 권유) 한번; nach [전] …를 향하여, immer [부] 항상, 늘; herzlich [부] 진심으로, willkommen [형] 환영받는; Vielen Dank! 대단히 감사합니다; das Wiedersehen 재회 (Auf Wiedersehen! 다시 뵙겠습니다, 또 봐요!)

1. 인사말

독일에서 만날 때 하는 인사말은 시간대별로 달라지고, 헤어질 때 하는 인사말은 친밀도에 따라 달라진다.

오전: Guten Morgen!

낮: Guten Tag!

저녁: Guten Abend!

헤어질 때 하는 인사말로 다음과 같은 것이 있다.

(Auf) Wiedersehen! Tschüs! Tschau!

2. 호칭

독일은 가까운 사람 간에는 du를, 격식을 갖춰 이야기할 때는 Sie를 사용한다. 이때 호칭 앞에는 남성인 경우 Herr, 여성인 경우 Frau를 붙인다(예, Herr Schmidt, Frau Kim). 여성은 결혼하면 보통 남편의 성을 따르지만, 결혼 전 이름과 같이 사용할 수도 있다(예, Frau Müller-Seidel).

3. 독일어를 사용하는 국가

독일어는 독일 및 오스트리아 전역과 스위스의 서북부를 제외한 대부분의 지역에서 사용되고 있다.

1. 동사의 현재인칭변화

		인칭대명사	kommen (규칙)	heißen (규칙)	sein (불규칙)
Sg. (단수)	1인칭	ich	komm-e	heiß-e	bin
	2인칭	du	komm-st	heiß-t	bist
	3인칭	er/sie/es	komm-t	heiß-t	ist
Pl. (복수)	1인칭	wir	komm-en	heiß-en	sind
	2인칭	ihr	komm-t	heiß-t	seid
	3인칭	sie	komm-en	heiß-en	sind
존칭		Sie	komm-en	heiß-en	sind

Ich *komme* aus Korea.
Woher *kommst* du?

Er *kommt* aus Deutschland.
Woher *kommen* Sie?

Ich *heiße* Minho Kim.
Wie *heißt* du?

Wie *heißt* er?
Wie *heißen* Sie?

Ich *bin* Lehrer.
Du *bist* immer herzlich willkommen.

Er *ist* Lehrer.
Sie *sind* immer herzlich willkommen.

» 동사원형은 어간과 어미로 이루어져 있으며, 주어의 인칭에 따라 어미가 다르게 변화한다. (예, kommen: komm (어간) + en (어미))

» 규칙변화를 따르는 동사: kommen, machen, wohnen 등 대부분의 동사.

» 어간의 끝이 -d, -t, -fn, -chn 등으로 끝나면, 2인칭과 3인칭 단수, 그리고 2인칭 복수에서 -e를 삽입한 후에 어미를 붙인다. (예, arbeiten: du arbeit-est, er arbeit-et, ihr arbeit-et)

» 어간의 끝이 -s, -ß, -z 등으로 끝나면, 2인칭 단수에서 -st 대신 -t를 붙인다. (예, heißen: du heiß-t)

2. 문장의 어순

1) 서술문

Ich	*heiße*	Klaus Schmidt.
Er	*ist*	Lehrer.
Dort	*studiere*	ich.

» 서술문에서 문두에 무엇이 나오든 정동사는 항상 문장의 두 번째 위치에 있다.

2) 의문문

Was	*machen*	Sie beruflich?	— Ich bin Lehrer.
Was	*sind*	Sie von Beruf?	— Ich bin Student.
Wie	*heißen*	Sie?	— Ich heiße Julia Bachmann.
	Wohnst	du in Berlin?	— Ja, ich wohne in Berlin.
			— Nein, ich wohne nicht in Berlin.

» 의문대명사(was, wie, wo)가 있는 의문문에서는 의문대명사가 문장의 맨 앞에 위치한다.

» 의문대명사가 없는 의문문에서는 주어와 동사가 도치된다. 질문에 대한 답변은 ja와 nein으로 한다.

Wörter und Phrasen
arbeiten [동] 일하다; der Beruf, die Berufe 직업

Übungen

Übung 1

1. A: Wie heißen Sie? B: Ich __________ Monika Maron.
2. A: Woher __________ du? B: Ich komme aus München.
3. A: Was __________ Sie beruflich? B: Ich bin Studentin.
4. A: Wo __________ du? B: Ich wohne in Seoul.
5. A: Wie heißt du? B: Ich __________ Klaus Mann.

Übung 2

was, wie, wo, woher

1. A: __________ kommen Sie? B: Ich komme aus Heidelberg.
2. A: __________ wohnst du? B: Ich wohne in Düsseldorf.
3. A: sind Sie von Beruf? B: Ich bin Maler.
4. A: __________ heißt du? B: Ich heiße Klara Braun.

Übung 3

1. A: Wohnen Sie in Köln? B: __________, ich wohne in Köln.
   B: __________, ich wohne __________ in Köln.
2. A: Sind Sie Student? B: __________, ich bin Student(in).
   B: __________, ich bin Architekt(in).

Übung 4

1. Woher kommst du? = ____________________ ? (woher, du, sein)
2. Woher sind Sie? = ____________________? (woher, Sie, kommen)
3. Was sind Sie von Beruf? = ____________________ ?
   (was, Sie, beruflich, machen)
4. Was macht er beruflich? = ____________________ ? (was, er, von Beruf, sein)

Übung 5

1. Ich ____________________ . (wohnen, München, in)
2. Was ____________________ ? (sein, von, Sie, Beruf)
3. Er ____________________ . (studieren, in, Deutschland)
4. Ich ____________________ . (mal, Dortmund, nach, kommen)
5. Wie ____________________ ? (heißen, du)

Aktivitäten

다음과 같이 보기의 인물을 인터뷰해 보시오.

	Frage (Sie/du)	Antwort
Begrüßung	Guten Morgen! Guten Tag! Guten Abend!	
Name	Wie heißen Sie?	Ich heiße ___________.
Land	Woher kommen Sie? Woher sind Sie?	Ich komme aus ___________. Ich bin aus ___________.
Wohnort	Wo wohnen Sie?	Ich wohne in ___________.
Beruf	Was sind Sie von Beruf?	Ich bin ___________.
Abschied	Auf Wiedersehen! Tschüs!	

보기

Name	Angela Merkel	Lionel Messi	Julia Roberts
Land	Deutschland	Argentinien	Amerika
Stadt	Berlin	Barcelona	Taos
Beruf	Politikerin	Fußballspieler	Schauspielerin

Lektion 3
Wie geht es dir?

Dialog

Hana Park: Hallo, Julia!
Julia Bachmann: Hallo, Hana! Wie geht es dir?
Hana Park: Danke. Mir geht es gut. Und dir?
Julia Bachmann: Prima. Heute ist das Wetter sehr schön.
Trinken wir einen Kaffee?
Hana Park: Gerne.

Bald finden sie ein Café.

Julia Bachmann: Die Sonne scheint.
Nehmen wir hier draußen Platz?
Hana Park: Ja, das Wetter ist heute wirklich schön.
Später machen wir einen Spaziergang im Englischen Garten.
Julia Bachmann: Gute Idee. Hast du denn Zeit?
Hana Park: Ja, die Prüfung ist vorbei.
Ich habe jetzt viel Zeit.
Julia Bachmann: Das ist gut.

Wörter und Phrasen
hallo [감] 안녕(하세요), 여보세요, gehen [동] 가다, danken [동] 고마워하다, prima [형] 최고의, 멋진, das Wetter, die Wetter 날씨; sehr [부] 아주, 매우; schön [형] 아름다운, 좋은; trinken [동] 마시다; bald [부] 곧; finden [동] 발견하다; das Café, die Cafés 카페; die Sonne, die Sonnen 태양; scheinen [동] (해가) 비치다; nehmen [동] 잡다;

hier [부] 여기에; draußen [부] 바깥에; der Platz, die Plätze 자리; heute [부] 오늘(은); wirklich [부] 정말로; später [부] 나중에; machen [동] 만들다, 하다; der Spaziergang, die Spaziergänge 산책; gut [형] 좋은; die Idee, die Ideen 생각, 아이디어; denn [부] 도대체; die Zeit, die Zeiten 시간; die Prüfung, die Prüfungen 시험; vorbei [부] (시간이) 지나간, 끝난

Landeskunde

독일어 이름

독일에서는 중세 이후 기독교나 게르만 문화권에서 유래하는 이름이 주로 사용되었지만, 1950년대 이후부터는 영어나 로만어 계열 국가에서 유래하는 이름(Jennifer, Kevin / Natalie, Marco 등)이 점점 많이 사용되고 있는 추세이다. 독일에서는 원칙적으로 성별을 구분하여 이름(Vorname)을 지어야 하는데 이것은 외래어 이름에도 마찬가지로 적용된다. 성별의 구분이 지역에 따라 다른 이름이나 중성적인 이름을 사용하는 경우에는 두 번째 이름을 통해 구분한다.

연도별로 본 가장 인기 있는 이름(독일)

남자

순위 \ 출생연도	1940	1970	1990	2000
1위	Peter	Stefan/Stephan	Jan	Lucas/Lukas
2위	Klaus/Claus	Michael	Tobias	Jan
3위	Hans	Andreas	Christian	Tim/Timm
4위	Jürgen	Thomas	Alexander	Finn/Fynn
5위	Dieter	Frank	Daniel	Leon

여자

순위 \ 출생연도	1940	1970	1990	2000
1위	Karin	Nicole	Julia	Anna
2위	Ingrid	Anja	Sarah/Sara	Lea/Leah
3위	Helga	Claudia	Jennifer	Sarah/Sara
4위	Renate	Stehphanie/Stefanie	Katharina	Hannah/Hanna
5위	Elke	Andrea	Lisa	Michelle

1. 정관사의 격변화

	M. (남성)	F. (여성)	N. (중성)	Pl. (복수)
N. (1격)	der Mann	die Frau	das Kind	die Kinder
G. (2격)	des Mannes	der Frau	des Kindes	der Kinder
D. (3격)	dem Mann	der Frau	dem Kind	den Kindern
A. (4격)	den Mann	die Frau	das Kind	die Kinder

» 명사의 격에는 1격(N. = Nominativ), 2격(G. = Genitiv), 3격(D. = Dativ), 4격(A. = Akkusativ)이 있다.

» 독일어의 명사는 관사(정관사 혹은 부정관사)와 함께 사용되고, 남성(M.), 여성(F.), 중성(N.)과 같은 문법적 성을 갖는다.

» 남성명사와 중성명사의 2격 형태에서는 명사에 어미 -(e)s가 붙는다.
(예, die Frau des Mann*es*, der Vater des Kind*es*)

» 복수 3격에서는 명사의 복수형에 어미 -n이 붙는다.

Der Mann ist groß.
Die Frau ist schön.
Das Kind ist laut.
Die Kinder spielen draußen.
Die Sonne scheint.
Das Wetter ist heute wirklich schön.

Ich kenne *den* Mann.
Ich kenne *die* Frau.
Ich kenne *das* Kind.
Ich kenne *die* Kinder.

2. 부정관사의 격변화

	M.	F.	N.
N.	ein Mann	eine Frau	ein Kind
G.	eines Mannes	einer Frau	eines Kindes
D.	einem Mann	einer Frau	einem Kind
A.	einen Mann	eine Frau	ein Kind

Ein Mann kommt.
Das ist *eine* Flasche.
Das ist *ein* Café.

Trinken wir *einen* Kaffee?
Ich mache morgen *eine* Prüfung.
Bald finden sie *ein* Café.

» 복수형에는 부정관사가 붙지 않는다. (예, Das sind *Bücher*.)
» ein의 부정형인 kein도 부정관사 ein과 똑같이 격변화한다.
Ich mache morgen *keine* Prüfung.
Sie finden hier *kein* Café.

3. 인칭대명사

	Sg.					Pl.			존칭
N.	ich	du	er	sie	es	wir	ihr	sie	Sie
G.	meiner	deiner	seiner	ihrer	seiner	unser	euer	ihrer	Ihrer
D.	mir	dir	ihm	ihr	ihm	uns	euch	ihnen	Ihnen
A.	mich	dich	ihn	sie	es	uns	euch	sie	Sie

Wie geht es *dir*? — *Mir* geht es gut.
Wie geht es *Ihnen*? — Es geht *mir* gut.
Wie geht es *ihm*? — Es geht *ihm* gut.
Wie geht es *ihr*? — Es geht *ihr* gut.

4. haben 동사의 현재인칭변화

Sg.		Pl.	
ich	habe	**wir**	haben
du	hast	**ihr**	habt
er/sie/es	hat	**sie**	haben
Sie	haben		

Hast du denn Zeit? — Ja, ich *habe* jetzt viel Zeit.
Habt ihr denn Zeit? — Ja, wir *haben* jetzt viel Zeit.
Er/Sie *hat* jetzt keine Zeit.
Sie *haben* jetzt viel Zeit.

> Wörter und Phrasen
> der Mann, die Männer 남자; die Frau, die Frauen 여사; das Kind, die Kinder 아이; groß [형] 큰, 커다란; kennen [동] 알다, 알고 있다; schön [형] 예쁜, 아름다운; laut [형] 시끄러운; spielen [동] 놀다; die Flasche, die Flaschen 병

Übungen

Übung 1

> das, den, die

1. Ich kenne ____________ Mann.
2. ____________ Frau ist schön.
3. Ich kenne ____________ Kind.
4. ____________ Kinder spielen draußen.
5. ____________ Sonne scheint.

Übung 2

ein, eine, einen, keinen

1. A: Wo ist ein Café? B: Bald finden wir ________ Café.
2. A: Was machen wir heute? B: Wir machen heute ________ Spaziergang.
3. A: Was machst du morgen? B: Morgen mache ich ________ Prüfung.
4. A: Hast du einen Bruder? B: Nein, ich habe ________ Bruder.
5. A: Was ist das? B: Das sind ________ Bücher.

Übung 3

dir, ihm, Ihnen, ihr, mir

1. A: Wie geht's? B: Danke, gut. Und ________ ?
2. A: Wie geht es ________ ? (du) B: Danke, ________ geht es gut.
3. A: Wie geht es ________ ? (Sie) B: Es geht so.
4. A: Wie geht es Peter? B: Es geht ________ gut.
5. A: Wie geht es Julia? B: Es geht ________ sehr gut.

Übung 4

Flasche, Kaffee, Prüfung, Wetter, Zeit

1. Heute ist das ________ sehr schön.
2. Das ist eine ________ .
3. Ich habe jetzt viel ________ .
4. Ich mache morgen eine ________ .
5. Trinken wir einen ________ ?

Übung 5

haben, machen, nehmen, scheinen, trinken

1. A: ________ du denn Zeit? B: Ja, die Prüfung ist vorbei.
2. A: Heute _______ die Sonne. B: Das Wetter ist ja wunderschön.
3. A: ________ wir einen Kaffee? B: Ja, gerne.
4. A: Was machst du heute? B: Ich _______ heute einen Spaziergang.
5. A: ________ wir hier draußen Platz? B: Ja, gute Idee.

Übung 6

1. Heute ______________________________ . (das Wetter, sehr, sein, schön)
2. Wie ______________________________ ? (gehen, es, Sie)
3. Er ______________________________ . (Tee, trinken, im, Café)
4. Sie ______________________________ . (nehmen, draußen, Platz)
5. Ich ______________________________ . (ein, Spaziergang, machen, im, Park)

알맞은 단어를 골라 보기처럼 말해 보시오.

Kleidungen	Fotos	보기
das Hemd die Bluse die Jacke der Rock die Tasche die Lederhose die Brille die Mütze der Rucksack die Socke -n		Er trägt einen Rucksack. Der Rucksack ist schwarz.
		Sie trägt eine Jacke. Die Jacke ist blau.
weiß schwarz grau blau grün gelb braun		________ trägt ________. ________ ist ________.

Lektion 4
Meine Familie

Dialog

Hana und Julia sitzen jetzt auf einer Bank im Englischen Garten. Sie reden über ihre Familien.

Hana: Wo wohnen deine Eltern?
Julia: Meine Eltern wohnen hier in der Nähe.
Hana: Wie oft besuchst du sie?
Julia: Ich besuche sie mindestens einmal pro Woche.
Hana: Hast du Geschwister?
Julia: Ja, ich habe einen Bruder und eine Schwester.
Mein Bruder ist 30 Jahre alt. Er ist Deutschlehrer.
Hana: Und wie alt ist deine Schwester?
Julia: Sie ist siebzehn. Sie ist Schülerin.
Hana: Hast du auch Großeltern?
Julia: Ja, aber nur meine Großmutter lebt noch.
Sie ist zwar alt, aber sehr gesund.
Sie treibt regelmäßig Sport und spielt auch Klavier.
Hana: Ich habe auch Großeltern in Korea. Sie leben auf dem Land.
Julia: Vermisst du sie?
Hana: Ja, sie fehlen mir sehr.

Wörter und Phrasen

sitzen [동] 앉아 있다; die Bank, die Bänke 의자, 벤치; reden (über…) [동] (…에 대해서) 말하다, 이야기하다; die Eltern 부모; die Nähe 가까움, 인접; besuchen [동] 방문하다; mindestens [부] 적어도; einmal [부] 한 번; pro [전] …마다; die Woche, die Wochen 주; die Geschwister 형제자매; der Bruder, die Brüder 형제; die Schwester, die Schwestern 자매; das Jahr, die Jahre 년, 해; der Deutschlehrer 독일어 선생님 (das Deutsch + der Lehrer); wie [부] 얼마나; alt [형] 늙은, 나이가 든; der Schüler, die Schüler 학생; die Großeltern 조부모; leben [동] 살다; zwar [부] (aber와 결합하여) 과연 (…이긴 하지만); gesund [형] 건강한; noch [부] 아직; regelmäßig [부] 규칙적으로; der Sport 스포츠, 운동; spielen [동] 놀다, 연주하다; das Klavier, die Klaviere 피아노; das Land, die Länder 나라, 주, 시골; vermissen [동] 그리워하다

Landeskunde

뮌헨의 영국정원(Englischer Garten)

중국탑

영국정원

뮌헨 동쪽에 위치한 영국정원은 뮌헨 시민과 관광객을 위한 도심의 휴식처이다. 1789년에 조성된 이 정원에는 중국탑(Chinesischer Turm)이 있는데, 그 앞에는 맥주를 마실 수 있는 야외주점도 있다.

1. 소유대명사

	인칭대명사	소유대명사
Sg.	ich	mein
	du	dein
	er/sie/es	sein/ihr/sein
Pl.	wir	unser
	ihr	euer
	sie	ihr
존칭	Sie	Ihr

Wie ist *dein/Ihr* Name? — *Mein* Name ist Klaus Schmidt.
Wie ist *sein* Name? — *Sein* Name ist Minho Kim.
Wie ist *ihr* Name? — *Ihr* Name ist Hana Park.

» 소유대명사의 격변화는 부정관사의 격변화와 동일하다(→Lektion 3). 단 부정관사는 '하나'라는 뜻을 지니고 있기 때문에 복수형이 없지만, 소유대명사는 복수 명사 앞에도 올 수 있다. 복수 명사 앞에서 소유대명사는 (복수) 정관사의 변화 형태를 따른다.

Mein Bruder studiert in Deutschland. Ich vermisse *meinen* Bruder.
Meine Großmutter lebt noch. Ich liebe *meine* Großmutter.
Mein Kind ist 5 Jahre alt. Ich liebe *mein* Kind sehr.
Meine Eltern wohnen hier in der Nähe. Ich besuche *meine* Eltern einmal pro Woche.

2. 수

0	null				
1	ein(s)	11	elf	21	einundzwanzig
2	zwei	12	zwölf	22	zweiundzwanzig
3	drei	13	dreizehn	30	dreißig
4	vier	14	vierzehn	40	vierzig
5	fünf	15	fünfzehn	50	fünfzig
6	sechs	16	sechzehn	60	sechzig
7	sieben	17	siebzehn	70	siebzig
8	acht	18	achtzehn	80	achtzig
9	neun	19	neunzehn	90	neunzig
10	zehn	20	zwanzig	100	hundert

» 13–19까지는 3–9에 해당하는 숫자 뒤에 zehn을 붙이면 된다. 단 sechzehn(16)과 siebzehn(17)의 경우에는 sechs(6)와 sieben(7)에서 각각 s와 en이 탈락된다.

» 20–90까지는 2–9에 해당하는 숫자 뒤에 -zig를 붙이면 된다. 단 zwanzig(20)와 dreißig(30)는 불규칙하게 변하며, sechzig(60)과 siebzig(70)의 경우에는 sechs(6)와 sieben(7)에서 각각 s와 en이 탈락된다.

» 기타 독일어 숫자 단위로 tausend(천), Million(백만), Milliarde(십억), Billion(조)이 있다.

3. 여성명사의 파생

der Schüler → die Schülerin
der Student → die Studentin

» 직업이나 신분을 나타내는 남성명사에 어미 –in을 붙여 여성명사를 만든다.

4. 복합명사

der Deutschlehrer = das Deutsch + der Lehrer
die Hausfrau = das Haus + die Frau

die Großeltern = groß + die Eltern
der Schreibtisch = schreiben + der Tisch

» 복합명사의 유형은 '명사 + 명사'인 경우와 '기타 품사 + 명사'인 경우로 나눌 수 있다.
» 복합명사의 성은 뒤에 오는 명사의 성을 따르지만, 강세는 앞의 단어에 있다.

Wörter und Phrasen
das Haus, die Häuser 집; die Hausfrau 가정주부 (das Haus + die Frau); schreiben [동] 쓰다; der Schreibtisch 책상 (schreiben + der Tisch)

Übungen

Übung 1

A: Wie ist Ihr Name?	B: Mein Name ist Klaus Schmidt.

1. A: Wie ist dein Name? B: ________ Name ist Wolfgang Kreft.
2. A: Wie ist ________ Name? (Sie) B: Mein Name ist Georg Meier.
3. A: Wer ist die Dame da? B: Das ist ________ Schwester. (ihr)
4. A: Wer ist der Junge da? B: Das ist ________ Bruder. (sein)
5. A: Wer sind die Männer da? B: Das sind ________ Freunde. (mein)

Übung 2

A: Wie alt ist dein Vater?	B: Er ist neunundvierzig Jahre alt. (49)

1. A: Wie alt bist du? B: Ich bin ____________ Jahre alt. (19)
2. A: Wie alt ist Ihr Enkel? B: Er ist ____________ Jahre alt. (6)
3. A: Wie alt ist seine Mutter? B: Sie ist ____________ Jahre alt. (51)
4. A: Wie alt ist dein Bruder? B: Er ist ____________ Jahre alt. (17)
5. A: Wie alt ist Ihre Schwester? B: Sie ist ____________ Jahre alt. (23)

Übung 3

Enkel, Geschwister, Großvater, Onkel, Tante

1. Der Vater meines Vaters ist mein ___________.
2. Die Schwester meiner Mutter ist meine ____________.
3. Der Bruder meines Vaters ist mein ____________.
4. Ich bin der __________ meiner Großeltern.
5. Meine Brüder und Schwestern sind meine ____________.

Übung 4

besuchen, leben, sitzen, spielen, treiben

1. Seine Schwester __________ ihre Eltern sehr oft.
2. Meine Großeltern __________ in der Stadt.
3. A: Wo _________ seine Freunde? B: Sie __________ auf der Bank.
4. A: Wie oft __________ du Sport? B: Ich mache zweimal pro Woche Sport.
5. A: __________ Sie Klavier? B: Nein, ich _________ nicht Klavier.

Übung 5

1. Meine Eltern ___________________________. (in, die, Nähe, hier, wohnen)
2. Sie ___________________________. (sein, aber, jung, zwar, klug)
3. Wir ___________________________. (reden, Familien, über, unser)
4. Christoph ___________________________. (spielen, einmal, Woche, pro, Geige)
5. Mein Bruder ___________________________. (dreiunddreißig, alt, Jahre, sein)

Schmidt 씨의 가계도를 보고 보기처럼 말해 보시오.

보기

- Klaus Schmidt ist Lehrer. Er ist fünfundvierzig Jahre alt.
- Anna Schmidt ist Studentin. Sie ist neunzehn Jahre alt.

Lektion 5
Meine Wohnung

Dialog

Minho sucht eine Wohnung. Hana hilft ihm bei der Wohnungssuche. Er trifft den Vermieter. Später beschreibt er Hana die Wohnung.

Hana: Wie gefällt dir die Wohnung?
Minho: Sie gefällt mir sehr gut. Sie ist sauber und relativ groß.
Hana: Wie groß ist die Wohnung?
Minho: Sie ist ungefähr 40m^2 groß.
Die Wohnung hat ein Zimmer, ein Badezimmer und eine Küche.
Hana: Ist das Zimmer möbliert?
Minho: Ja, es ist voll möbliert.
Hana: Wie sieht das Zimmer aus?
Minho: In der Ecke am Fenster steht ein Bett.
Neben dem Bett steht ein Tisch.
An der Wand über dem Tisch hängt sogar ein Bild.
Hana: Gibt es auch ein Bücherregal?
Minho: Nein, leider nicht. Ich mochte ein Regal an die Wand stellen.
Hana: Gibt es einen Balkon?
Minho: Ja, er ist aber klein.
Hana: Das macht nichts.

Wörter und Phrasen

suchen [동] 찾다; helfen [동] 돕다; treffen [동] 만나다; der Vermieter, die Vermieter 임대인, 집주인; beschreiben [동] 묘사하다; die Wohnung, die Wohnungen 집; jm. gefallen [동] 누구의 마음에 들다; sauber [형] 깨끗한; relativ [부] 상대적, 비교적; groß [형] 큰; ungefähr [부] 대략; der Quadratmeter 평방미터(m^2); das Zimmer, die Zimmer 방; das Badezimmer 욕실 (das Bad + das Zimmer); die Küche, die Küchen 부엌; voll [형] 가득찬, 완전한; möblieren [동] …에 가구를 비치하다 (möbliert 가구가 비치된); aussehen [동] …처럼 보이다; die Ecke, die Ecken 모퉁이, 구석; das Fenster, die Fenster 창문; stehen [동] 서 있다; das Bett, die Betten 침대; der Tisch, die Tische 책상; die Wand, die Wände 벽; hängen [동] 걸려 있다; sogar [부] 심지어; das Bild, die Bilder 그림; geben [동] 주다 (es gibt… …이 있다); das Buch, die Bücher 책; leider [부] 유감스럽게도; möchten [동] …하고 싶다; das Regal, die Regale 책장; stellen [동] 세워 놓다; der Balkon, die Balkons 발코니; klein [형] 작은; nichts [대] 아무것도 …않다 (das macht nichts 괜찮아, 괜찮네)

Landeskunde

독일에서 집 구하기

독일에는 전세가 없고 월세만 있다. 그 대신 입주 시 보통 한 달 방세의 두 배쯤 되는 보증금(Kaution)을 지불한다. 학생들은 부동산 중개업체보다는 학교 게시판을 통해 방을 직접 구하는 경우가 많다. 또한 이들은 독방에 사는 경우도 있지만, 주거공동체인 WG(Wohngemeinschaft)에서 다른 입주자들과 함께 살기도 한다.

1. 3·4격 지배 전치사

1) 종류

an …곁에, auf …위에, in …안에, vor …앞에, hinter …뒤에, neben …옆에, über …위에, unter …아래에, zwischen …사이에

an	Das Bild hängt *an der* Wand.
auf	*Auf dem* Boden liegt ein Teppich.
in	Er ist jetzt *in seinem* Zimmer.
vor	Ein Schreibtisch steht *vor dem* Fenster.
hinter	*Hinter der* Tür steht ein Schrank.
neben	Liegt die Küche *neben dem* Badezimmer?
über	Die Lampe hängt *über dem* Tisch.
unter	*Unter dem* Baum liegt ein Mann.
zwischen	Ich stehe *zwischen meiner* Mutter und *meinem* Vater.

2) 용법

Das Buch liegt *auf dem Sofa*. (장소)	Sie legt das Buch *auf das Sofa*. (방향)
Die Flasche steht *auf dem Tisch*. (장소)	Ich stelle die Flasche *auf den Tisch*. (방향)
Wir sind jetzt *im Park*. (장소)	Sie geht *in den Park*. (방향)
Wo bist du?—Ich bin *im Kino*. (장소)	Wohin gehst du?—Ich gehe *ins Kino*. (방향)

» 장소를 나타내거나 정지해 있는 경우 3격을, 장소이동이나 운동방향을 나타낼 경우 4격을 사용한다.

» in dem은 im으로, in das는 ins로 줄여서 사용한다.

2. 동사의 격지배

1) 3격 지배 동사

helfen Sie hilft *mir* bei der Hausarbeit.

gefallen Die Stadt gefällt *mir* nicht.

2) 4격 지배 동사

suchen Minho sucht *dich*.

lieben Meine Eltern lieben *mich*.

3. 동사의 현재인칭 (불규칙변화)

	(1) fallen	(2) helfen	(3) sehen
ich	fall-e	helf-e	seh-e
du	fäll-st	hilf-st	sieh-st
er/sie/es	fäll-t	hilf-t	sieh-t
wir	fall-en	helf-en	seh-en
ihr	fall-t	helf-t	seh-t
sie	fall-en	helf-en	seh-en
Sie	fall-en	helf-en	seh-en

예) (1) fahren, gefallen (2) geben, essen (3) lesen, aussehen

4. 지시대명사 dies-, jen-

Ich kenne diese Frau.

Dieses Buch gefällt mir.

Jenes Kind ist sehr brav.

In jenem Haus wohnt niemand.

» dies- 는 '이것', jen-는 '저것'의 의미를 지니며, 정관사와 같은 변화를 한다.

Wörter und Phrasen
der Boden, die Böden 바닥; der Teppich, die Teppiche 양탄자; die Schule, die Schulen 학교; die Tür, die Türen 문; der Schrank, die Schränke 장; die Lampe, die Lampen 등, 램프; der Baum, die Bäume 나무; liegen [동] 놓여 있다; wohin [의부] 어디로; das Sofa, die Sofas 소파; legen [동] 놓다; der Park, die Parks 공원; die Hausarbeit 가사, 숙제 (das Haus + die Arbeit); die Stadt, die Städte 도시; lieben [동] 사랑하다; brav [형] 착한, 얌전한; niemand [대] 아무도 …않다

Übungen

Übung 1

an, auf, in, unter

1. Was gibt es heute ________ der Mensa?
2. Er wohnt ________ dem Land.
3. Sie geht __________ die Küche.
4. Das Bild hängt ________ der Wand.
5. Ein Junge liegt ________dem Baum.

Übung 2

aufs, im, ins

1. Ingo geht ________ Kino.
2. Julia zieht __________ Land.
3. ________ Restaurant treffe ich meine Freundin.
4. Heute gehen wir ________ Theater.

Übung 3

1. Die Wohnung ________ mir gar nicht. (gefallen)
2. Sie ________ ein Buch. (lesen)
3. Er ________ mir beim Umzug. (helfen)
4. Sie ________ kein Fleisch. (essen)
5. Wie ________ sie heute aus? (sehen)

Übung 4

der, dem, den, die

1. Er hängt die Lampe an ________ Decke.
2. Ein Bild hängt an ________ Wand.
3. Sie legt ein Wörterbuch auf ________ Tisch.
4. Ein Heft liegt auf ________ Sofa.
5. Er stellt das Regal an ________ Wand.

Übung 5

1. Minho sucht ________ Wohnung. (ein)
2. Mein Bruder hilft ________ bei der Hausaufgabe. (ich)
3. Der Film gefällt ________ gar nicht. (er)
4. Ich liebe ________ . (du)

Übung 6

einziehen, geben, hängen, möblieren, stehen

1. Ich möchte heute noch in die Wohnung ________ .
2. Das Zimmer ist nicht ________ .
3. Die Lampe ________ an der Decke.
4. Es ________ kein Badezimmer in dieser Wohnung.
5. Neben dem Bett ________ ein Kleiderschrank.

Übung 7

1. Wie ______________________________ ? (aussehen, das, Zimmer)
2. Im Zimmer ______________________________ .
   (es, ein, Schrank, geben, und, ein, Regal)
3. Er ______________________________ . (stellen, ein, vor, Tür, die, Stuhl)
4. Gustav ______________________________ .
   (bei, die, helfen, ich, Wohnungssuche)
5. Ich ______________________________ . (das, Zimmer, beschreiben, er)

다음 단어들을 활용하여 보기처럼 그림 속의 방을 묘사해 보시오.

auf dem Boden auf dem Tisch an der Wand in der Ecke im Regal (rechts/links) neben dem Tisch an der Decke in der Mitte	liegen stehen hängen es gibt	der Teppich der Stuhl/die Stühle das Buch/die Bücher die Lampe der Hut das Bild der Mülleimer

보기

· <u>In der Mitte</u> liegt ein Teppich.
· <u>An der Decke</u> hängt eine Lampe.

Lektion 6
Wiederholungen

Grammatikübungen

Übung 1

1. A: __________ kommen Sie? B: Ich komme __________ Incheon.
2. A: Wo __________ du? B: Ich wohne __________ Frankfurt.
3. A: Wie __________ er? B: Sein Name __________ Karl Schmidt.
4. A: __________ geht es Ihnen? B: Danke, es geht __________ gut.

Übung 2

1. A: __________ ist ein Kaufhaus? B: Bald finden wir __________ Kaufhaus.
2. A: __________ ist das? B: Das ist __________ Heft.
3. A: Hast du Geschwister? B: Nein, ich habe __________ Geschwister.
4. A: __________ du einen Bruder? B: Nein, ich habe __________ Bruder.
5. A: __________ sind Sie von Beruf? B: Ich bin Architekt.

Übung 3

1. A: __________ ist Ihr Vorname? B: __________ Vorname ist Thomas.
2. A: __________ ist die Dame da? B: Das ist __________ Mutter. (ich)
3. A: __________ Mütze ist groß. (er) B: __________ ist sehr teuer.
4. A: __________ Mantel ist schwarz. (sie) B: __________ gefällt ihr sehr.

Übung 4

1. A: __________ hängt das Bild? B: Es hängt an _________ Wand.
2. A: __________ gehen sie? B: Sie gehen an __________ Küste.
3. A: __________ ist die Küche? B: _________ ist neben _________ Bad.
4. A: __________ stellst du die Flasche? B: Ich stelle _______ auf _________ Tisch.

Übung 5

1. Das Auto _________ Mutter ist teuer. (ich)
   Es kostet _________ Millionen Won. (26)
2. Meine Großeltern __________ drei Kinder.
   Mein Vater _________ auch drei Kinder.
   Der Bruder _______ Vater___ hat vier Kinder, und ________ Schwester hat zwei Kinder. (ich, er)
3. A: __________ groß ist die Wohnung?
   B: Sie ist _________ m^2 groß. (43)
4. A: Wie alt ist __________ Freundin? (du)
   B: Meine Freundin ist _________ Jahre alt. (17)

Übung 6

1. Leon hilft __________ Schwester beim Umzug.
2. Christine sucht __________ Wohnung.
3. Julia liebt __________ Eltern.
4. Das Haus ihres Freundes gefällt _________ nicht. (sie)

Wortschatzübungen

Übung 1

beruflich, beschäftigt, möbliert, schön, willkommen

1. Sie sind immer herzlich ________ .
2. Was machen Sie ________ ?
3. Das Wetter ist sehr ________ .
4. Momentan bin ich sehr ________ .
5. Das Zimmer ist voll ________ .

Übung 2

besuchen, geben, machen, spielen

1. Er ist Musiker. Er ________ Gitarre.
2. Wir ________ jeden Tag einen Spaziergang.
3. Manchmal ________ ich meine Eltern.
4. In der Wohnung ________ es kein Arbeitszimmer.

Übung 3

an, auf, in, hängen, leben, stehen

1. Ich möchte einen Spiegel ________ die Wand ________ .
2. Seine Großeltern ________ ________ dem Land.
3. Neben dem Bett ________ ein Bücherregal.
4. Er geht morgen früh ________ die Schule.
5. Meine Schwester wohnt hier ________ der Nähe.

Fragen zum Text

Hana und Julia sind Freundinnen. Sie gehen zusammen einen Kaffee trinken. Die Prüfung ist vorbei. Deshalb haben sie viel Zeit. Sie machen einen Spaziergang im Englischen Garten. Dort reden sie über ihre Familien. Julia besucht jede Woche ihre Eltern. Sie hat einen Bruder und eine Schwester. Hana studiert in Deutschland. Hanas Großeltern leben in Korea. Sie vermisst ihre Großeltern sehr.

Hana trifft ab und zu Minho. Minho sucht eine Wohnung, und Hana hilft ihm. Die Wohnung gefällt ihm sehr. Diese Wohnung hat ein Zimmer, ein Badezimmer und eine Küche. Sie ist ungefähr $40m^2$ groß. Das Zimmer ist möbliert, und die Miete ist nicht hoch.

1. Was machen Hana und Julia im Englischen Garten?
2. Wie oft besucht Julia ihre Eltern?
3. Wie viele Geschwister hat Julia?
4. Wo leben Hanas Großeltern?
5. Minho besichtigt eine Wohnung. Wie groß ist die Wohnung?

Wörter und Phrasen

deshalb [부] 그 때문에, 그래서; vermissen [동] 그리워하다; ab und zu 때때로; die Miete 집세; hoch [형] 높은

Lektion 7
Meine Hobbys

Dialog

Julia und Hana sitzen auf dem Sofa und sehen zusammen fern. Sie sprechen über ihre Hobbys.

Julia: Hana, was hast du am Wochenende vor?
Hana: Ich will ins Theater gehen.
Im Theater läuft zur Zeit "Wilhelm Tell" von Friedrich Schiller.
Kommst du mit?
Julia: Ich möchte gern mitkommen.
Aber ich muss leider am Wochenende die ganze Zeit arbeiten.
Hana: Was machst du normalerweise am Wochenende?
Julia: Ich besuche oft meine Eltern. Sonst spiele ich gerne Tennis.
Ab und zu spiele ich auch Schach.
Und was sind deine Hobbys?
Hana: Ich sammle Briefmarken und Sondermünzen.
Ich höre auch gern Musik.
Wollen wir irgendwann zusammen ins Konzert gehen?
Julia: Ja, gerne.

Wörter und Phrasen
fernsehen [동] 텔레비전을 시청하다; sprechen [동] 말하다, 이야기하다; das Hobby, die Hobbys 취미; vorhaben [동] 계획하다; das Wochenende 주말 (die Woche + das Ende); das Theater, die Theater 연극극장; laufen [동] 상연(상영)되다, 뛰다, 달리다; mitkommen [동] 함께 가다; ganz [형] 전부의; arbeiten [동] 일하다, 공부하다; normalerweise

[부] 일반적으로; oft [부] 종종, 흔히; sammeln [동] 모으다, 수집하다; das Schach, die Schachs 장기; die Briefmarke 우표 (der Brief + die Marke); die Sondermünze, die Sondermünzen 기념주화; hören [동] 듣다; irgendwann [부] 언젠가; das Konzert, die Konzerte 콘서트

Landeskunde

주말농장

독일인이 가장 즐겨 하는 취미생활은 정원가꾸기이다. 그리고 정원이 없는 도시인이 과일과 야채를 재배하며 전원생활을 할 수 있는 클라인가르텐(Kleingarten)이라는 주말농장도 있다. 국가나 시는 국유지 내지 시유지인 정원 용지를 지역협회를 통해 회비를 받고 임차인에게 빌려준다. 독일 전국에 약 15,000개의 지역협회가 있으며, 이 협회에 가입한 회원수는 100만 명에 달한다.

1. 화법조동사

1) 화법조동사의 현재인칭변화

	können	müssen	dürfen	wollen	sollen	mögen
ich	kann	muss	darf	will	soll	mag
du	kannst	musst	darfst	willst	sollst	magst
er/sie/es	kann	muss	darf	will	soll	mag
wir	können	müssen	dürfen	wollen	sollen	mögen
ihr	könnt	müsst	dürft	wollt	sollt	mögt
sie	können	müssen	dürfen	wollen	sollen	mögen
Sie	können	müssen	dürfen	wollen	sollen	mögen

2) 화법조동사의 의미

Ich will ins Theater gehen. (의지: …하려고 한다)
Sie muss den ganzen Tag arbeiten. (의무, 필연: …해야 한다)
Du musst hier nicht bleiben. (불필요: …할 필요가 없다)
Darf ich in den Park gehen? (허가: …해도 좋다)
Du darfst hier nicht rauchen. (금지: …해서는 안 된다)
Du sollst deine Eltern ehren. (당위: …해야 한다)
Das Restaurant soll sehr gut sein. (소문: …라고 하더라)
Er mag jetzt in Köln sein. (추측: …일지 모른다)
Du kannst es nicht ändern. (능력: …할 수 있다)

» 화법조동사가 정동사로 사용되면 본동사는 문장 끝에 위치한다.

2. 복합동사

fallen, suchen, haben, kommen, sehen 등의 동사에 여러 가지 전철이 붙은 동사를 복합동사라고 한다. 전철의 성질에 따라 복합동사는 분리동사와 비분리동사로 나뉜다.

1) 비분리동사

Das Zimmer *gefällt* mir sehr.
Ich *besichtige* das Schloss.
Sie *besucht* ihre Eltern.

» be-, emp-, ent-, er-, ge-, miss-, ver-, zer-와 같은 전철이 오는 동사를 비분리동사라고 한다.
» 비분리동사는 말 그대로 평서문에서 전철과 기본동사가 서로 분리되지 않으며 강세를 받지 않는다. (→Lektion 1)

2) 분리동사

Was *hast* du am Wochenende *vor*?
Kommst du *mit*?
Der Zug *kommt* bald *an*.
Du *siehst* heute schön *aus*.
Julia und Hana *sehen* zusammen *fern*.

» 앞에서 제시한 비분리전철을 제외한 모든 전철은 분리전철이다. (예, aus-sehen, an-kommen) 평서문에서 분리동사의 분리전철은 기본동사와 분리되어 문장 맨 뒤에 위치하며 독자적인 강세를 받는다. (→Lektion 1)

3. 4격 부사구

jeden Morgen 매일 아침 jeden Tag 날마다 jeden Monat 매달
den ganzen Tag 하루 종일 die ganze Nacht 밤새
einen Moment = einen Augenblick 잠깐

Wörter und Phrasen
bleiben [동] 머무르다, 남다; rauchen [동] 흡연하다; stehlen [동] 훔치다, 도둑질하다; das Restaurant, die Restaurants 식당; ändern [동] 변화시키다; besichtigen [동] 구경하다; das Schloss, die Schlösser 성; der Zug, die Züge 기차; ankommen [동] 도착하다; aussehen [동] …처럼 보이다; der Moment 순간; der Augenblick 순간, 찰나 (das Auge + der Blick)

Übungen

Übung 1

dürfen, können, mögen, müssen, sollen, wollen

1. A: Was haben Sie am Samstag vor?
   B: Ich ________ schwimmen gehen.
2. A: Ist hier Rauchen verboten?
   B: Ja, man ________ hier nicht rauchen.
3. A: Wir haben keine Zeit.
   B: Wir ________ ein Taxi nehmen.
4. A: ________ du rechnen?
   B: Ja, ich lerne Mathematik in der Schule.
5. Wir ________ nicht stehlen.

Übung 2

laufen, fernsehen, sammeln, spielen, vorhaben

1. Er ________ Briefmarken.
2. Was ________ zur Zeit im Kino?
3. ________ du gern Tischtennis?
4. Was ________ ihr am Freitag ________?
5. Erik und Hans sitzen vor dem Fernseher und ________ den ganzen Tag ________.

Übung 3

gern, irgendwann, ab und zu, den ganzen Tag, zur Zeit

1. A: Besuchst du oft deine Eltern?
   B: Ja, ich besuche ________ meine Eltern.
2. A: Leider habe ich momentan keine Zeit.
   B: __________ gehen wir zusammen ins Kino.
3. A: Was ist dein Hobby?
   B: Ich spiele ________ Volleyball.
4. A: Was machst du am Samstag?
   B: Ich muss _________ zu Hause bleiben.
5. A: Wann willst du verreisen?
   B: ________ habe ich keine Reisepläne.

Übung 4

1. Er ____________________________________ . (sprechen, sein, Hobby, über)
2. Wolfgang ____________________________________ . (Klavier, spielen, gern)
3. Jutta ____________________________________ .
   (wollen, ins, gehen, am, Sonntag, Konzert)
4. Leider ____________________________________ .
   (ich, müssen, am, arbeiten, Wochenende)
5. Wir ____________________________________ .
   (sitzen, hören, Musik, auf, das, Sofa, und)

Übung 5

1. der, Zug, pünktlich, ankommen
   → ______________________________ .
2. ich, das, Schloss, wollen, besichtigen
   → ______________________________ .

3. besuchen, er, heute, können, sein, Eltern

→ ________________________________.

4. ihr, was, vorhaben, Wochenende, am

→ ________________________________?

5. gefallen, ich, das, Zimmer, nicht, gar

→ ________________________________.

Aktivitäten

적절한 단어를 골라 보기처럼 그림에 맞게 완전한 문장으로 만들어 보시오.

ich	müssen	den ganzen Tag	Geschenk	bekommen
du	wollen	am Wochenende	im Schwimmbad	lernen
er	sollen	eine Stunde	hier	schwimmen
sie	dürfen	heute Abend	in der Bibliothek	stehlen
wir	mögen (möchten)	zu Weihnachten	nach Berlin	parken
man	können	nicht		fahren

보기

- Man darf hier nicht parken.
- Er will heute Abend nach Berlin fahren.

Lektion 8
Im Urlaub

Dialog

Hana und Julia haben jetzt Semesterferien. Sie fahren für eine Woche in den Urlaub an den Bodensee. Heute wollen sie auf dem Bodensee segeln.

Hana: Es regnet jetzt nicht mehr.
Der Himmel wird immer klarer.
Julia: Ja, das Wetter wird wieder besser.
Der Wind ist auch weder stark noch schwach.
Hana: Ist Segeln nicht gefährlich?
Julia: Du brauchst keine Angst zu haben. Ich habe einen Segelschein.
Hana: Was muss man zum Segeln mitnehmen?
Julia: Wir brauchen nichts mitzunehmen. Wir können dort alles leihen.

Jetzt sitzen sie im Segelboot.

Hana: Toll! Segeln macht mir viel Spaß.
Die Landschaft ist übrigens auch sehr schön.
Machen wir ein paar Fotos von dir?
Julia: Ja, gute Idee. Ich mache auch ein Foto von dir.

Wörter und Phrasen
das Wetter, die Wetter 날씨; die Ferien 방학; der Urlaub, die Urlaube 휴가; segeln [동] 돛단배를 타다; regnen [동] 비가 내리다; der Himmel, die Himmel 하늘; klar [형] 분명한, (날씨가, 하늘이) 맑은; der Wind, die Winde 바람;

weder [접] (noch와 함께) …도 아니고 …도 아니다; stark [형] 강한; schwach [형] 약한; gefährlich [형] 위험한; brauchen [동] (zu 부정사와 결합하여) …할 필요가 있다; die Angst, die Ängste 불안, 두려움; der Segelschein 요트 면허증 (das Segel + der Schein); mitnehmen [동] 가져가다; leihen [동] 빌리다; das Segelboot 요트, 돛단배 (segel(n) + das Boot); toll [형] 굉장한; der Spaß, die Späße 재미, 즐거움, 장난, 농담; die Landschaft, die Landschaften 풍경, 경치; übrigens [부] 덧붙여 말하자면, 그 밖에; die Idee, die Ideen 생각, 아이디어; das Foto, die Fotos 사진

Landeskunde

보덴 호

독일과 스위스, 그리고 오스트리아 사이에 있는 호수이다. 보덴 호(Bodensee)는 가장 큰 호수인 오버 호(Obersee, 476㎢), 북쪽의 위베를링거 호(Überlinger See), 서쪽의 운터 호(Untersee), 그리고 북서쪽의 첼러 호(Zeller See)와 그나덴 호(Gnadensee)의 네 부분으로 이루어진다. 이 호수에는 많은 섬이 있는데, 그 가운데 가장 큰 섬은 라이헤나우(Reichenau) 섬이고, 오버 호에서 가장 큰 섬은 마이나우(Mainau) 섬과 린다우(Lindau) 섬이다. 총면적은 약 571km^{2}이다.

1. 형용사의 비교변화

	원급	비교급	최상급
규칙변화	schön	schöner	schönst
	klein	kleiner	kleinst
	stark	stärker	stärkst
불규칙변화	gut	besser	best
	viel	mehr	meist
	hoch	höher	höchst
	nah	näher	nächst

» 규칙변화인 경우, 비교급에는 어간에 어미 -er, 최상급에는 어미 -st를 붙인다.

» 단음절 형용사에서 어간의 모음이 a, o, u일 경우 ä, ö, ü로 변한다.

» 형용사 최상급의 술어적 형태는 'am + 형용사 최상급 + -en'이다.

예) Sie ist am kleinsten in der Klasse.

» 비교대상 앞에는 als를 사용한다.

예) Otto ist viel größer als Wilhelm.

» 동등비교의 경우에는 '(genau)so … wie'를 사용한다.

예) Der Schlosspark ist so schön wie das Schloss.

» 어떤 성질이 점점 더해질 때는 'immer + 비교급' 또는 '비교급 und 비교급'을 사용한다.

예) Das Wetter wird immer besser.

2. 비인칭 대명사 es

1) 날씨, 계절, 시간, 날짜 등을 나타낼 때

Es regnet / schneit / blitzt.

Es ist regnerisch / wolkig / sonnig.

Es ist kalt / warm / heiß / kühl.

Es ist nass / trocken / hell / dunkel.

Es ist Frühling / Sommer / Herbst / Winter.
Es ist Morgen / Mittag / Abend.

» 날씨의 경우에는 문장 앞쪽에 부사가 나와도 es가 생략되지 않지만, 요일, 날짜 앞에서는 es가 생략된다.

예) Es ist heute warm. → Heute ist es warm.

Es ist heute Samstag. → Heute ist Samstag.

2) 감정, 감각을 나타내는 비인칭동사와 함께

Es gefällt mir gut.
Es geht mir schlecht.
Es tut mir leid.

3. 부정수사 all

1) 부가어적 용법

Aller Anfang ist schwer.
Er tut alle Arbeit allein.

» all- + 명사의 형태로 사용하며, 이때 all-은 정관사 변화를 한다.

2) 명사적 용법

Wir können dort alles leihen.
Bitte, alle(s) aussteigen!
Alle gehen nach Hause.

» 중성형 alles는 단독으로 사용되면 사물을 나타내며, 중성 정관사 변화를 한다. 단, 사람의 집합체를 나타낼 때 사용할 수도 있다.

» 복수형 alle는 단독으로 사용되면 사람을 나타내며, 복수 정관사 변화를 한다.

4. werden 동사의 현재인칭변화

Sg.		Pl.	
ich	werde	wir	werden
du	wirst	ihr	werdet
er/sie/es	wird	sie	werden
Sie	werden		

Wörter und Phrasen
die Klasse, die Klassen 학급; der Schlosspark 성에 딸린 공원 (das Schloss + der Park); schneien [동] 눈이 내리다; blitzen [동] 번개가 치다; regnerisch [형] 비가 내리는; wolkig [형] 구름이 낀; sonnig [형] 햇빛이 비치는; kalt [형] 차가운; warm [형] 따뜻한; heiß [형] 더운; kühl [형] 서늘한; nass [형] 젖은, 비가 내리는; trocken [형] 건조한, 마른, 비가 내리지 않는; hell [형] 밝은; dunkel [형] 어두운; der Frühling 봄; der Sommer 여름; der Herbst 가을; der Winter 겨울; der Morgen 아침; der Mittag 점심; der Abend 저녁; der Samstag 토요일; der Anfang, die Anfänge 시작, 처음; schwer [형] 힘든, 무거운; tun [동] 하다; allein [부] 혼자, 홀로; aussteigen [동] (차에서) 내리다

Übungen

Übung 1

1. Er ist viel _________ als sie. (dick)
2. Erika ist genauso _________ wie Monika. (groß)
3. Sie ist am _________ bei ihrer Familie. (gern)
4. Das Wetter wird immer _________ . (gut)
5. Er isst am _________ in dieser Gruppe. (viel)

Übung 2

dunkel, heiß, klar, regnen, schneien

1. A: Draußen ist es kalt. B: Im Winter __________ es viel.
2. A: Der Himmel ist jetzt sehr dunkel. B: __________ es schon?
3. A: Die Sonne scheint stark. B: Der Himmel ist __________ .
4. A: Bald wird es Abend. B: Es wird __________ .
5. A: Es wird immer wärmer. B: Bald wird es sehr __________ .

Übung 3

alles, es, nichts, gefallen, tun

1. __________ geht mir sehr schlecht.
2. Du __________ mir sehr.
3. Es __________ mir leid.
4. Man kann hier __________ leihen.
5. Wir brauchen __________ mitzunehmen.

Übung 4

am, an, in, von, zu

1. Wir fahren __________ die Küste.
2. Wir machen ein Foto __________ ihr.
3. Wir fahren nach Helgoland __________ Urlaub.
4. Wir machen Urlaub __________ Bodensee.
5. Du brauchst mir nicht __________ danken.

Übung 5

1. Wir ____ .
   (brauchen, Geld, kein, mitnehmen)
2. Ich ____ .
   (wollen, ein paar, machen, Fotos, von, Ihnen)
3. Das Radfahren ______________________________ . (viel, Spaß, machen, mir)
4. Er ____ . (weder, noch, sein, klein, groß)
5. Die Landschaft _____________________________ .
   (übrigens, sein, sehr, auch, schön)

Aktivitäten

그림을 보고 보기처럼 날씨를 표현하시오.

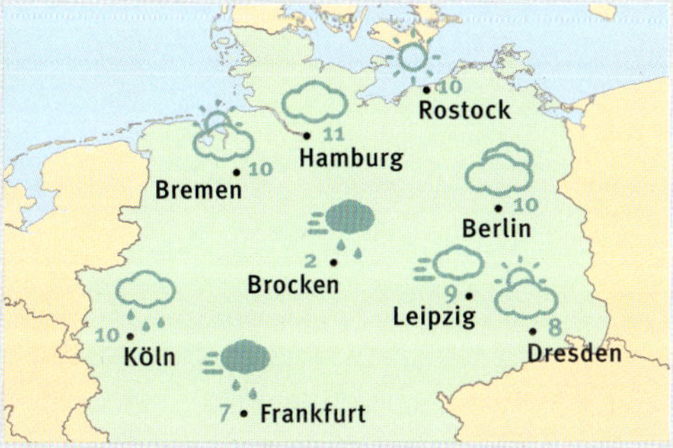

regnen, scheinen, blitzen	die Sonne, Grad, die Temperatur	regnerisch, wolkig, bedeckt, trocken, nass, sonnig, kalt, kühl, warm, gewittrig

보기

Bild (links)	Bild (rechts)
· In Hamburg ist es wolkig.	· Die Sonne scheint.
· In Wien beträgt die Temperatur sechs Grad.	· Es ist sonnig.
......	......

Lektion 9
Auf der Straße

Dialog

Seit gestern sind Hana und Julia in Bonn. Heute wollen sie das Beethoven-Haus besuchen. Julia fragt einen Passanten nach dem Weg.

Julia: Entschuldigen Sie bitte. Ich suche das Beethoven-Haus.
Passant 1: Es tut mir Leid. Ich bin auch nicht von hier.
Julia: Ah ja, vielen Dank.

Julia: Entschuldigung, sind Sie von hier?
Passant 2: Ja.
Julia: Wie komme ich zum Beethoven-Haus?
Passant 2: Das ist ein bisschen kompliziert.
Sie müssen diese Straße geradeaus gehen.
An der Kreuzung müssen Sie nach rechts abbiegen.
Julia: Ja, und dann?
Passant 2: Dann gehen Sie bis zur Post.
Gegenüber der Post ist die Bushaltestelle.
Dann fahren Sie mit dem Bus bis zur Universität.
Julia: Welche Buslinie muss ich nehmen?
Passant 2: Linie 604.
Julia: Wie lange dauert es bis zur Universität?
Passant 2: Es dauert etwa fünfzehn Minuten.
Und dann fragen Sie am besten nochmal.

	Von dort ist es nicht mehr weit bis zum Beethoven-Haus.
Julia:	Danke schön.
Passant 2:	Bitte schön.

Wörter und Phrasen
gestern [부] 어제; der Passant, die Passanten 행인; entschuldigen [동] 용서하다: ~ Sie 실례합니다; die Entschuldigung 용서; ein bisschen [부] 조금, 약간; kompliziert [형] 복잡한; die Straße, die Straßen 도로, 거리, 길; geradeaus [부] 곧장, 똑바로; die Kreuzung, die Kreuzungen 교차로; rechts [부] 오른쪽으로, 오른쪽에; abbiegen [동] 접어들다; die Post, die Posten 우체국; die Bushaltestelle 버스정류장 (der Bus + die Haltestelle); die Universität, die Universitäten 대학; dauern [동] 시간이 걸리다; etwa [부] 대략, 대충; nochmal [부] 또 한 번, 다시; entfernt [형] 멀리 떨어진

Landeskunde

1. 베토벤 하우스(Beethoven-Haus)

독일 본(Bonn)에서 태어난 베토벤의 생가는 지금 베토벤 박물관으로 운영되며 음악도시 본의 관광명소이다. 이 박물관은 세계적으로 가장 많은 베토벤 유품을 소장하고 있으며, 많은 자전적 자료를 바탕으로 베토벤의 삶과 창작물을 생생하게 소개하고 있다.

2. 본 대학(Universität Bonn)

본 대학은 쾰른 선제후의 궁전을 대학으로 개축한 것으로 바로크 양식의 건물이다. 이 대학은 시내에 위치하지만, 뒤쪽에 큰 잔디밭으로 된 호프가르텐(Hofgarten)이 있어 조용하다. 또 라인 강변에 위치한 도서관은 멋진 전망을 자랑한다.

Grammatik

1. 전치사

1) 3격 지배 전치사

zu …(에게)로, nach …향하여, …후에, bei …근처에, mit …와 함께, aus …에서 (나와), von …로부터, gegenüber …맞은편에, seit …이후로

zu	Wie komme ich *zum* Hauptbahnhof?
	Heute Abend möchte ich *zu dir* kommen.
nach	Der Zug fährt *nach* Bonn.
	Nach dem Abendessen isst er ein Eis.

bei	Wo ist Hana? — Sie sitzt *bei* Julia.
mit	Julia kommt *mit ihrer* Freundin.
	Sie fährt *mit dem* Taxi nach Hause.
aus	Sie kommt *aus dem* Haus.
von	Was wünschen Sie *von mir*?
gegenüber	Die Post liegt *gegenüber dem* Kaufhaus (= dem Kaufhaus gegenüber).
seit	Sind sie *seit* fünf Jahren verheiratet?

2) 4격 지배 전치사

durch …를 통하여, für …를 위하여, gegen …를 향하여, …에 부딪혀서, …시경에, um …의 주위에, (정각) …시에, ohne …없이, bis …까지, entlang …따라서

durch	Sie geht *durch den* Garten.
für	Ich suche ein Hotelzimmer *für meine* Eltern.
gegen	Sein Auto fährt *gegen einen* Baum.
	Gegen sechs Uhr haben wir eine Verabredung.
um	Der Mond bewegt sich *um die* Erde.
	Der Unterricht beginnt *um* drei Uhr.
ohne	Er trinkt Tee *ohne* Zucker.
bis	Der Zug fährt von Köln *bis* München.
entlang	Herr Schmidt geht *die* Straße *entlang*.

» bis는 다른 전치사와 함께 사용되는 경우도 있다.
(예, Wie lange dauert es *bis* zur Universität?)

2. 의문대명사 welcher, was für (ein-)

1) welcher

Welchen meinst du?

Welchen Bus nehmen Sie?

Welche Buslinie muss ich nehmen?

» '어느, 어떤'이라는 뜻을 지니며, 특정한 대상을 물을 때 사용된다.

» 부가어적으로, 그리고 명사적으로 모두 사용되며 정관사와 같은 어미변화를 한다.

2) was für (ein-)

Was für ein Auto ist das?

Was für Autos sind das?

Was für Wein trinkt sie?

» '어떤 종류의'라는 뜻을 지니며 막연하게 종류를 물을 때 사용한다.

» was für는 변하지 않고, ein-은 성과 격에 따라 부정관사 변화를 한다.

» 복수명사와 관사를 필요로 하지 않는 불가산 명사에서는 was für만 사용한다.

> **Wörter und Phrasen**
> der Hauptbahnhof 중앙역 (das Haupt + der Bahnhof); die Zigarette, die Zigaretten 담배; wünschen [동] 소망하다, 바라다; das Kaufhaus 백화점 (kaufen + das Haus); die Verabredung, die Verabredungen 약속; der Mond, die Monde 달; die Erde, die Erden 지구; der Tee, die Tees 차; der Zucker, die Zucker 설탕

Übungen

Übung 1

> bis, mit, seit, zum, zur

1. A: Entschuldigen Sie bitte, wie komme ich ________ Rathaus?
   B: Das ist ein bisschen kompliziert. Sie müssen ________ dem Bus fahren.
2. A: ________ wann wohnen Sie hier?
   B: Ich wohne hier ________ zwei Jahren.
3. A: Wie lange dauert es ________ Universität?
   B: Es dauert nur fünf Minuten.

Übung 2

an, gegenüber, nach, von

1. A: Entschuldigen Sie bitte, wie komme ich zum Kaufhaus?
   B: Es tut mir Leid. Ich bin auch nicht _________ hier.
2. A: Ich muss also bis zur Ampel gehen. Was mache ich dann?
   B: Dann müssen Sie _________ der Kreuzung _________ links abbiegen.
3. A: Wo ist die Bushaltestelle?
   B: Die Bushaltestelle ist _________ der Post.

Übung 3

an, nach, vom, zu, dauern, fragen, nehmen, suchen

1. Julia _________ das Beethoven-Haus in Bonn.
   Sie _________ einen Passanten _________ dem Weg.
2. Wolfgang geht diese Straße geradeaus.
   _________ der Kreuzung biegt er _________ rechts ab.
3. Die Bibliothek liegt nicht weit entfernt _________ Rhein.
   Sie können _________ Fuß gehen.
4. A: Wie lange _________ es _________ Fuß bis zum Hauptbahnhof?
   B: Es _________ zehn Minuten.
5. A: Welchen Bus muss ich _________ ?
   B: Sie müssen die Linie 605 _________ .

Übung 4

bis, bei, entlang, mit, nach, ohne, um, von, zu

1. Kommst du heute __________ mir? Du kannst __________ mir zu Abend essen.
2. A: Was machen wir __________ dem Abendessen?
   B: Wir machen einen Spaziergang.
3. A: Kommst du __________ dem Auto?
   B: Nein, ich komme zu Fuß.
4. __________ 2 Uhr habe ich eine Verabredung. Ich muss pünktlich da sein.
5. Wie trinkst du deinen Kaffee? Mit oder __________ Milch?
6. Sie müssen diese Straße __________ gehen.
7. __________ drei Uhr __________ vier Uhr bin ich nicht __________ Hause.

Übung 5

1. Er ______________________________. (durch, Park, gehen, den)
2. Julia ______________________________. (gerade, um, die, gehen, Ecke)
3. Ich ______________________________. (ihr, der, bei, Arbeit, helfen)
4. Er ______________________________. (halten, für, Dichter, mich, einen)
5. Seit ______________________________. (Jahr, sein, ich, einem, Frankreich, in)

보기의 표현들을 활용하여 은행(또는 호텔)으로 가는 길을 설명해 보시오.

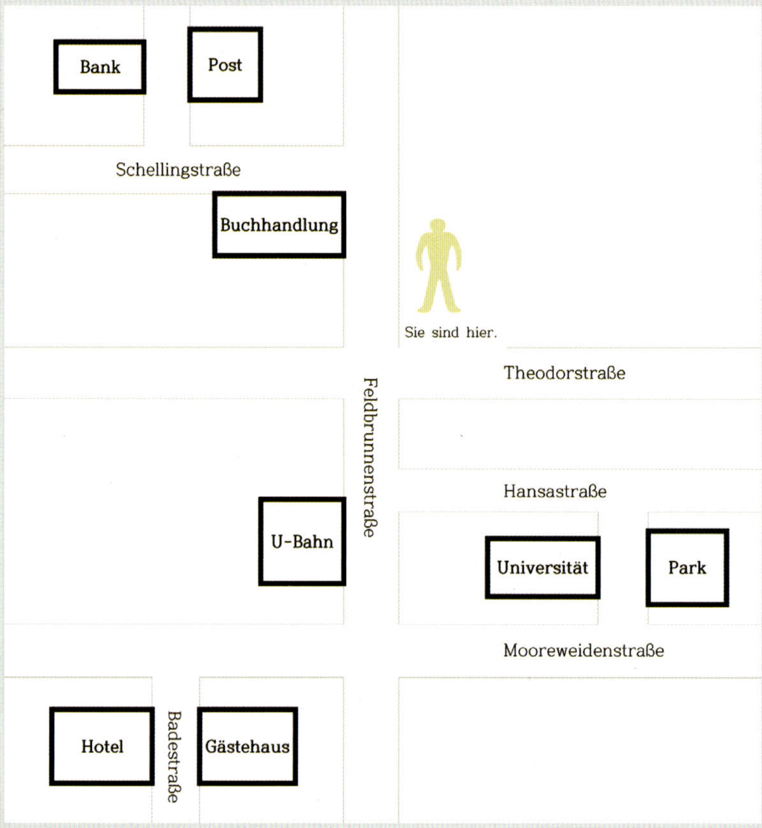

보기

- Wie komme ich zur Bank?
- Sie müssen geradeaus gehen.
- An der Kreuzung (Bei der Buchhandlung) müssen Sie nach links/rechst abbiegen.
- Gegenüber dem Park ist die Universität.

Lektion 10
Einfach oder hin und zurück?

Dialog

Hana und Julia sind jetzt am Kölner Hauptbahnhof. Sie fahren mit dem Zug zurück nach München. Am Schalter kaufen sie die Fahrkarten.

Angestellter: Was kann ich für Sie tun?
Julia: Zweimal nach München, bitte!
Angestellter: Welchen Zug wollen Sie nehmen?
Julia: Am besten einen ICE, heute Nachmittag gegen 2 Uhr.
Angestellter: Erste Klasse oder zweite Klasse?
Julia: Zweite Klasse, bitte.
Angestellter: Und einfach oder hin und zurück?
Julia: Einfach, bitte. Wie viel kostet das?
Angestellter: Zwei Fahrkarten nach München, das macht zusammen 268,00 Euro.

Jetzt sitzen sie im Zug.

Schaffner: Ihre Fahrkarten, bitte!
Julia: Ja, hier sind sie.
Schaffner: Ah, Sie fahren nach München! München ist ja wirklich sehr schön. Hier haben Sie die Fahrkarten zurück.
Julia: Danke schön!
Hana: Wann kommen wir eigentlich in München an?

Julia:	Der Zug kommt um 18:27 Uhr am Münchner Hauptbahnhof an. Wie spät ist es denn jetzt?
Hana:	Es ist Viertel nach zwei.
Julia:	Wie lange dauert denn die Fahrt?
Hana:	Das sind über 4 Stunden!
Julia:	Nach München sind es ja fast 600km. Mit dem Auto dauert es noch länger.

Wörter und Phrasen
einfach [형] 단순한, 편도의; die Kasse, die Kassen 창구, 계산대; die Fahrkarte 차표 (fahren + die Karte); der Angestellte, die Angestellten 직원; zweimal [부] 두 번, 두 배(로); der Nachmittag 오후 (nach + der Mittag); die Klasse, die Klassen 등급; der Euro, die Euro(s) 유로; zurückhaben [동] 돌려받다; eigentlich [부] 원래; ankommen [동] 도착하다; die Fahrt 주행, 운행, (차로 하는) 여행, die Stunde, die Stunden 시간; fast [부] 거의

Landeskunde

1. 독일의 열차

이체에(ICE)

독일의 열차에는 최고 시속 약 300km로 달리는 대도시 특급열차 ICE(Intercity-Express), 유

럽의 대도시를 달리는 특급열차 EC(Euro City), 도시 간 특급열차 IC(InterCity), (근거리) 지방 급행열차 RE(Regionalexpress), (근거리) 지방열차 RB(Regionalbahn) 등이 있다.

2. 독일의 고속도로와 자동차

독일의 교통에서 중요한 것이 바로 아우토반(Autobahn)이다. 유럽 다른 국가들의 경우 고속도로가 수도를 중심으로 방사상으로 발달한 반면, 독일의 경우에는 지방분권제가 정착된 국가답게 고속도로망이 전국에 바둑판처럼 대단히 촘촘하게 깔려 있다(총 연장 약 53,000km). 독일의 고속도로는 무엇보다도 속도제한이 없는 것으로 유명하며, 시속 200km를 넘게 달리는 자동차들도 어렵지 않게 볼 수 있다.

구동독 시절의 자동차 트라비

독일은 '자동차의 나라'라고 불릴 정도로 자동차 발명국이자 생산국으로서 명성이 높다. 19세기에 오토가 휘발유 기관을, 디젤이 디젤 기관을 발명했으며, 다임러와 벤츠가 합병하여 세운 다임러벤츠 자동차 회사는 지금도 자동차 업계에서 세계적인 명성을 유지하고 있다. 고급 자동차의 대명사 메르세데스벤츠(Mercedes-Benz), BMW, 포르쉐(Porsche) 외에도 대중적 인기를 누리는 독일 차들이 많다. 독일인의 국민성처럼 안전하고 고장이 덜 나며 경제적인 차가 인기인데, 예전에는 폴크스바겐(Volkswagen) 회사의 '캐퍼(Käfer, 딱정벌레)'라는 차가, 현재는 같은 회사의 '골프(Golf)'라는 차종이 인기가 높다. 독일 통일 전 구동독 지역에서는 차체의 일부를 플라스틱으로 만든 트라비(Trabi)라는 차가 사람들의 사랑을 받았다.

1. 명사의 수

1) 명사의 복수형태

① ___ → (¨)	② ___ → (¨) e	③ ___ → (¨)er	④ ___ → ___(e)n	⑤ ___ → ___s
der Lehrer → die Lehrer	der Freund → die Freunde	das Kind → die Kinder	die Tasche → die Taschen	das Auto → die Autos
die Mutter → die Mütter	der Gast → die Gäste	das Buch → die Bücher	der Name → die Namen	das Hotel → die Hotels
der Schüler → die Schüler	der Zug → die Züge	das Wort → die Wörter	die Gabel → die Gabeln	das Kino → die Kinos

① 단수와 복수의 형태가 같은 것 (예, der Lehrer — die Lehrer)

» 어간모음이 a, o, u이면 ä, ö, ü가 된다. (예, die Mutter — die Mütter)

② 복수에서 어미 -e가 붙는 것 (예, der Freund — die Freunde)

» 대부분의 1음절 남성명사가 여기에 해당하고, 어간모음이 a, o, u이면 ä, ö, ü가 된다. (예, der Zug — die Züge)

③ 복수에서 어미 -er가 붙는 것 (예, das Kind — die Kinder)

» 대부분의 1음절 중성명사가 여기에 해당하고, 어간모음이 a, o, u이면 ä, ö, ü가 된다. (예, das Buch — die Bücher)

④ 복수에서 어미 -(e)n이 붙는 것 (예, die Tasche — die Taschen)

» -e로 끝나는 대부분의 여성명사가 여기에 해당한다.

» 남성명사에 –in이 붙어 파생된 여성명사의 경우, -nen이 붙어 복수형태가 만들어진다. (예, die Studentin → die Studentinnen)

⑤ 복수에 어미 -s를 붙인 것 (대부분 외래어)
(예, das Auto — die Autos, das Kino — die Kinos)

2) 약변화하는 남성명사

	N.	G.	D.	A.
Sg.	der Student	des Studenten	dem Studenten	den Studenten
Pl.	die Studenten	der Studenten	den Studenten	die Studenten

» der Student와 같이 변화하는 명사들: der Mensch, der Präsident, der Polizist처럼 끝음절에 강세가 있으며 직업을 나타내는 남성명사 등

» der Herr의 경우 단수 2, 3, 4격에서는 -n을, 복수의 모든 격에서는 -en을 붙인다.

2. 100 이상의 숫자

1) 기수

100 (ein)hundert 200 zweihundert 390 dreihundertneunzig

1.000 (ein)tausend

1.000.000 die Million -en (백만): eine Million, zwei Millionen

1.000.000.000 die Milliarde -n (십억): eine Milliarde, zwei Milliarden

1.000.000.000.000 die Billion -en (조): eine Billion, zwei Billionen

2) 서수

1부터 19까지의 기수에 어미 -t를, 20 이상의 기수에 어미 -st를 붙인다.

(예, erst, zweit, dritt, viert, fünft, sechst, siebt, acht, neunt, zehnt, ···, neunzehnt, zwanzigst, ···, hundertst)

3. 시간과 시각

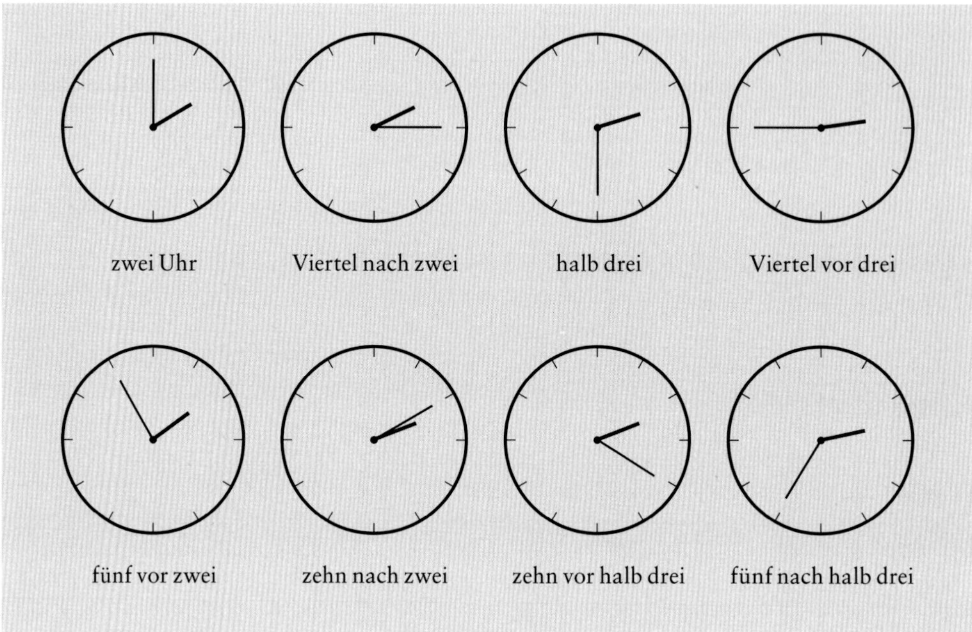

4. 화폐단위: 유로화 (der Euro, der Cent, EUR)

1 Euro = 100 Cent

€ –,10 (–,10 Euro)	zehn Cent
€ 2,30 (2,30 Euro)	zwei Euro dreißig
€ 45,60 (45,60 Euro)	fünfundvierzig Euro sechzig
€ 268,– (268,– Euro)	zweihundertachtundsechzig Euro
€ 273,– (273,– Euro)	zweihundertdreiundsiebzig Euro

Wörter und Phrasen
die Tasche, die Taschen 가방, 호주머니; der Mensch, die Menschen 사람, 인간; der Präsident, die Präsidenten 대통령, (기관의) 장; der Polizist, die Polizisten 경찰관

Übungen

Übung 1

1. Das sind also über 4 __________ . (Stunde)
2. Zwei __________ nach Köln, bitte. (Fahrkarte)
3. Wo sind meine __________ ? (Buch)
4. Die __________ in Deutschland sehen sehr schön aus. (Haus)
5. Die __________ meiner Schule sind sehr nett. (Lehrer)
6. Die __________ sind schwer. (Tasche)
7. Er liest nie __________ . (Zeitung)

Übung 2

1. (05:00) ____________________
2. (06:05) ____________________
3. (07:15) ____________________
4. (08:20) ____________________
5. (09:30) ____________________
6. (10:40) ____________________
7. (11:45) ____________________
8. (11:55) ____________________
9. (12:58) ____________________
10. (14:35) ____________________

Übung 3

1. € 0,30 ____________________
2. € 1,00 ____________________
3. € 2,40 ____________________
4. € 12,50 ____________________
5. € 58,98 ____________________
6. € 120,00 ____________________
7. € 399,98 ____________________
8. € 1.000,00 ____________________
9. € 2.498,90 ____________________
10. € 25.000,00 ____________________

Übung 4

kosten, machen, nehmen, tun, oder, und

1. A: Was kann ich für Sie __________ ?
   B: Zweimal nach München, bitte!
2. A: Welchen Zug wollen Sie ____________ ?
   B: Am besten einen ICE, heute Nachmittag gegen 2 Uhr.
3. A: Erste Klasse __________ zweite Klasse?
   B: Zweite Klasse, bitte.
4. A: Und einfach oder hin __________ zurück?
   B: Hin _________ zurück, bitte.
5. A: Was _________ das alles?
   B: Das _________ zusammen 500,– Euro.

Übung 5

1. A: Was kann ich für Sie tun?
   B: ____ .
   (bitte, München, zweimal, nach)
2. A: Was kostet das alles?
   B: ____ .
   (zusammen, machen, 268,00 Euro, das)
3. A: ____ ?
   (wann, Zug, ankommen, nach, der, München)
   B: Der Zug kommt um 18:27 an.
4. A: ____ ?
   (denn, spät, es, wie, sein, jetzt)
   B: Es ist Viertel nach zwei.
5. A: ____ ?
   (Fahrt, wie, dauern, lange, die)
   B: Über 4 Stunden.

Übung 6

1. Mit ____ .
   (noch, dem, es, dauern, Auto, länger)
2. München ____ .
   (wirklich, sehr, sein, schön)
3. An der Kasse _______________________________________ .
   (sie, jetzt, die, kaufen, Fahrkarten)
4. Hier ____ .
   (Sie, die, zurück, Fahrkarten, haben)
5. Hana und ihre Freundin _____________________________ .
   (München, dem, fahren, mit, Zug, nach)

1. Köln 중앙역에서 기차를 기다리고 있다고 가정하고, 시각표를 보면서 동료와 주어진 대화를 완성해 보시오.

Köln Hbf ⟶ München Hbf

Ab	Zug		Umsteigen	An	Ab	Zug		An	Dauer	Verkehrstage	
9:25	RB	11310	Köln M./Deutz	9:27	9:37	ICE	621	**14:09**	4:44	Mo-Sa	14
9:27	S	11	Köln M./Deutz	9:29	9:37	ICE	621	**14:09**	4:42	Mo-Fr	04
9:31	S	12	Köln M./Deutz	9:33	9:45	ICE	1121	**14:09**	4:38	So	15
9:53	ICE	27	Würzburg Hbf	13:31	14:05	ICE	825	**16:09**	6:16	Sa	16
9:53	ICE	27	Mainz Hbf	11:38	11:49	RB	15713			Mo-Sa	17
			Darmstadt Hbf	12:21	12:37	EC	219	**16:11**	6:18		
9:55	ICE	515						**14:27**	4:32	täglich	
10:19	ICE	623						**15:09**	4:50	Mo-Sa	18
10:21	RE	10712	Köln M./Deutz	10:23	10:30	ICE	923	**15:09**	4:48	So	19
10:55	ICE	505	Mannheim Hbf	12:24	12:30	ICE	595	**15:28**	4:33	täglich	
11:18	IC	2013	Ulm Hbf	16:02	16:56	EC	117	**18:11**	6:53	Mo-Fr, So	20
11:18	IC	2013	Ulm Hbf	16:02	16:56	EC	1217	**18:11**	6:53	Sa	21
11:31	S	12	Köln M./Deutz	11:33	11:44	ICE	625	**16:09**	4:38	Mo-Fr, So	22
11:31	S	12	Köln M./Deutz	11:33	11:44	ICE	825	**16:09**	4:38	Sa	16
11:53	ICE	1023	Frankfurt(M)Hbf	14:12	14:54	ICE	629	**18:09**	6:16		23
11:53	IC	2023	Mainz Hbf	13:38	13:49	RB	15717				24
			Darmstadt Hbf	14:21	14:37	EC	117	**18:11**	6:18		
11:53	IC	2023	Mainz Hbf	13:38	13:49	RB	15769				25
			Darmstadt Hbf	14:21	14:37	EC	117	**18:11**	6:18		
11:53	IC	2023	Mainz Hbf	13:38	13:49	RB	15717				26
			Darmstadt Hbf	14:21	14:37	IC	2299				
			Stuttgart Hbf	15:50	15:58	EC	1217	**18:11**	6:18		
11:55	ICE	517						**16:27**	4:32	täglich	
12:15	ICE	927						**17:10**	4:55	So	27
12:27	ICE	627						**17:10**	4:43	Mo-Sa	28
12:53	IC	2313	Stuttgart Hbf	16:22	16:53	IC	1269	**19:11**	6:18	Mo-Fr, So	20
12:55	ICE	207	Mannheim Hbf	14:24	14:30	ICE	597	**17:27**	4:32	täglich	
13:31	S	12	Köln M./Deutz	13:33	13:44	ICE	629	**18:09**	4:38	Mo-Fr, So	22
13:53	IC	2025	Mainz Hbf	15:38	15:49	RB	15721			Mo-Sa	17
			Darmstadt Hbf	16:21	16:37	EC	391	**20:11**	6:18		
13:53	IC	2025	Mainz Hbf	15:38	15:49	RB	15771			So	29
			Darmstadt Hbf	16:21	16:37	EC	391	**20:11**	6:18		
13:55	ICE	519						**18:27**	4:32	täglich	
14:31	S	12	Köln M./Deutz	14:33	14:44	ICE	721	**19:10**	4:39	täglich	11
14:53	IC	2217	Mannheim Hbf	17:21	17:32	ICE	611	**20:27**	5:34	täglich	

A: Wie spät ist es jetzt?

B: Es ist ______________ .

A: Um wie viel Uhr fährt der Zug nach ______________ ab?

B: Der Zug fährt um ______________ ab.

A: Welchen Zug sollen wir dann nehmen?

B: Wir sollen ________________ nehmen. (ICE ○○○ / IC ○○○)

A: Wann kommen wir dann in ________________ an?

B: Um ________________ .

A: Wie lange dauert denn die Fahrt?

B: Die Fahrt dauert über ________________ Stunden.

2. 제시된 시계 그림에 알맞도록 대화를 완성하시오.

1) 

A: Wie spät ist es jetzt?

B: Es ist __________ .

2) 

A: Wie viel Uhr ist es jetzt?

B: Es ist __________ .

3) 

A: Wie spät ist es jetzt?

B: ________________ .

4) 

A: Wie viel Uhr ist es jetzt?

B: ________________ .

Lektion 11
Auf dem Campus

Dialog

Hana geht in die Mensa und unterhält sich dort mit Miriam und Leon über das Studium.

Hana: Hallo, Miriam! Darf ich mich zu dir setzen?
Miriam: Ja, natürlich! Hier rechts ist frei.
Hana: Isst du oft in der Mensa zu Mittag?
Miriam: Ja, das Essen in der Mensa ist für den Preis nicht schlecht.
Hana: Das finde ich auch.
Miriam: Und wie lange willst du in München bleiben?
Hana: Eigentlich ein Jahr. Aber jetzt möchte ich weiter hier studieren.
Miriam: Was studierst du?
Hana: Ich studiere Germanistik und Soziologie.
Germanistik ist mein Hauptfach und Soziologie ist mein Nebenfach.
Miriam: Ah, ich interessiere mich auch für Soziologie!
Das ist mein Hauptfach.
Hana: Sehr schön. Kannst du mir dann bei der Auswahl der Seminare helfen?
Miriam: Ja, gerne.
Hana: Was ist dein Nebenfach?
Miriam: Mein Nebenfach ist Wirtschaftswissenschaft.
Aber zuerst muss ich Mathematik und Statistik lernen.
Dann kann ich mich um die Wirtschaftswissenschaft kümmern.

Hana: Mathematik ist nichts für mich.
Ich verstehe Mathematik einfach nicht.
(*zu Leon*) Leon, wofür interessierst du dich denn?

Leon: Ich interessiere mich für Musik. Ich studiere an der Musikhochschule.

Wörter und Phrasen

die Mensa, die Mensen (대학의) 학생식당; sich unterhalten (mit + jm.) [동] 담소하다: sich setzen [동] 앉다; natürlich [형] 자연스러운, (부사적으로) 물론; der Preis, die Preise 가격: für den ~ 가격 대비; bleiben [동] 머무르다; die Germanistik 독문학; die Soziologie 사회학; sich interessieren (für + 4격) [동] 관심을 가지고 있다; das Hauptfach 주전공 (das Haupt + das Fach); das Nebenfach 부전공 (neben + das Fach); die Auswahl 선택; das Seminar, die Seminare 세미나; die Wirtschaftswissenschaft 경제학 (die Wirtschaft + die Wissenschaft); sich kümmern (um + 4격) [동] …에 신경 쓰다, 전력하다; die Mathematik 수학; verstehen [동] 이해하다; einfach [형] 단순한, [형] 정말, 전혀; die Musikhochschule 음악대학 (die Musik + die Hochschule)

Landeskunde

1. 독일의 대학

독일에는 가장 오래된 하이델베르크 대학을 비롯하여 쾰른, 에어푸르트 대학 같은 600여 년의 역사를 자랑하는 대학들과 1960년대에 신설된 대학들이 공존하고 있다.

훔볼트 대학

독일에서는 학생들이 아비투어(Abitur)라는 대학 입학 자격시험에 합격하면 자신의 관심과 적성에 따라 300여 개의 대학에서 지원 학과를 자율적으로 선택할 수 있다. 물론 지원자들이 많이 몰리는 의학, 치의학, 법학, 경영학, 심리학, 컴퓨터공학 등의 인기학과는 입학정원제를 시행하고 있다.

2. 독일어 전공명칭

Germanistik 독어독문학, Anglistik 영어영문학, Geschichte 역사학, Philosophie 철학,
Soziologie 사회학, Politologie 정치학, Psychologie 심리학, Anthropologie 인류학,
Wirtschaftswissenschaft 경제학, Betriebswirtschaftslehre (BWL) 경영학,
Jura (Rechtswissenschaft) 법학, Mathematik 수학, Statistik 통계학, Physik 물리학,
Chemie 화학, Astronomie 천문학, Maschinenbau 기계공학, Informatik 전산(정보)학,
Landwirtschaftslehre 농학, Medizin 의학

Grammatik

1. 재귀대명사

	ich	du	er/sie/es	wir	ihr	sie	Sie
D.	mir	dir	sich	uns	euch	sich	sich
A.	mich	dich	sich	uns	euch	sich	sich

1) 재귀대명사의 형태

3인칭 단수, 복수, 존칭을 제외한 나머지 재귀대명사의 형태는 인칭대명사의 형태와 동일하다.

2) 재귀대명사의 용법

목적어가 주어와 동일한 개체를 지시할 때 사용한다.

① 4격 재귀대명사: 주어의 행위가 직접 자신에게 미칠 때

Darf ich *mich* zu dir setzen? — Ja, natürlich!

(＊비교: Darf ich *das Kind* zu dir setzen? — Ja, natürlich!)

② 3격 재귀대명사: 주어의 이해나 소유 등을 나타낼 때

Er kauft *sich* ein Buch. (＊비교: Er kauft *seinem Kind* ein Buch.)

Ich wasche *mir* die Hände. (＊비교: Ich wasche *dem Kind* die Hände.)

3) 재귀동사

Ich *erinnere mich* an das Spiel.

Ich *interessiere mich* für Psychologie und Soziologie.

Dann kann ich *mich* um die Wirtschaftswissenschaft *kümmern*.

Dieses Buch *eignet sich* nicht für Kinder.

2. 전치사와 (의문·지시)대명사의 결합

전치사는 의문대명사 was 또는 지시대명사 der/die/das와 wo-, da-로 결합한다.
(예, für was → wofür, für das → dafür)

Wofür interessierst du dich? Für Kunst? (für was → wofür)

— Ja, *dafür* interessiere ich mich sehr. (für sie [die] → dafür)

Mit wem unterhältst du dich so lange? Mit Miriam?

— Ja, *mit ihr* kann ich mich stundenlang unterhalten.

» 전치사가 모음으로 시작하면 모음충돌을 막기 위해 -(r)-을 삽입한다: worüber, darüber

» 의문대명사가 사람을 나타내는 경우에는 축약해서 쓰지 않는다: auf wen, für wen, mit wem
(예, Auf wen wartest du jetzt? – Ich warte jetzt auf meinen Freund.)

Wörter und Phrasen
kaufen [동] 사다; waschen [동] 씻다; sich erinnern [동] (an + 4격) …을 기억하다; das Spiel, die Spiele 게임; die Psychologie 심리학; sich eignen [동] (für + 4격) …에 적합하다; stundenlang [형] 수시간

Übungen

Übung 1

1. A: Darf ich ________ zu dir setzen? B: Ja, du darfst ________ hierhin setzen.
2. A: Was kauft ________ Peter? B: Er kauft sich ein Buch.
3. A: Was kaufst du ________ ? B: Ich kaufe ________ eine Uhr.
4. A: Musik ist mein Nebenfach. B: Ah, du interessierst ________ auch für Musik!
5. A: Mit wem unterhältst du ________ so lange? B: Mit Miriam.

Übung 2

Was, Wofür, Worum, Für wen, Um wen

1. A: ________ ist dann dein Hauptfach? B: Mein Hauptfach ist Koreanistik.
2. A: ________ interessierst du dich? B: Ich interessiere mich für Soziologie.
3. A: ________ eignen sich diese Blumen? B: Sie eignen sich für den Balkon.
4. A: ________ musst du dich kümmern? B: Ich muss mich um die Kinder kümmern.
5. A: ________ musst du dich kümmern? B: Ich muss mich um mein Studium kümmern.

Übung 3

zu, bei, an, um, in

1. A: Wo studierst du?
   B: Ich studiere ________ der Musikhochschule.
2. A: Isst du oft in der Mensa ________ Mittag?
   B: Ja, fast jeden Tag.
3. A: Wie findest du das Essen ________ der Mensa?
   B: Ich finde es gut.
4. A: Kannst du mir ________ der Auswahl der Seminare helfen?
   B: Ja, gerne.
5. A: Worum musst du dich kümmern?
   B: Ich muss mich ________ die Hausarbeit kümmern.

Übung 4

1. A: Wofür interessierst du dich denn?
   B: ____ .
   (interessieren, Anglistik, ich, mich, für)
2. A: ____ ?
   (wie, hier, du, lange, wollen, bleiben)
   B: Eigentlich ein Jahr.
3. A: ____ ?
   (dürfen, zu, ich, mich, dir, setzen)
   B: Ja, natürlich!
4. A: ____ ?
   (oft, Mensa, Mittag, in, zu, der, du, essen)
   B: Ja, jeden Tag.
5. A: ____ ? (studieren, denn, was du)
   B: Ich studiere Geschichte.

Übung 5

1. Mit wem ______________________________ ?
   (du, unterhalten, so, lange, dich)
2. Kannst ______________________________ ?
   (mir, Auswahl, du, der, Kurse, bei, helfen)
3. Zuerst ______________________________ .
   (ich, müssen, und, Mathematik, Statistik, lernen)
4. Ich ______________________________ .
   (jetzt, weiter, hier, studieren, möchten)
5. Das Essen ______________________________ .
   (der, den, sein, in, für, nicht, Mensa, Preis, schlecht)

Aktivitäten

1. 주변 동료들과 보기처럼 대화를 한 뒤, 이름과 전공 및 부전공이 들어 있는 표를 만들어 보시오.

보기

A: Hallo, wie heißt du?
B: Ich heiße ______________ .
A: Was studierst du?
B: Ich studiere ____________ und ____________ .
A: Was ist dein Haupttach?
B: ____________ ist mein Hauptfach.
A: Also ist ____________ dein Nebenfach.
B: Ja, stimmt.

Nummer	Name	Hauptfach (1. Fach)	Nebenfach (2. Fach)
1	*Minho Kim*	*Wirtschaftswissenschaft*	*Psychologie*
2			
3			
4			
5			
⋮			

2. 아래 보기처럼 빈 종이에 자신의 이름과 전공 및 부전공을 적은 뒤, 세 명씩 그룹을 만드시오.

보기

Name: *Hana Park*
Hauptfach: *Germanisit ik*
Nebenfach: *Soziologie*

한 명씩 번갈아가며 이 종이를 들고, 나머지 두 명이 아래와 같은 대화를 완성해 보시오.

A: Wofür interessiert sich Hana?
B: Sie interessiert sich für Germanisitik und Soziologie.
Germanisitik ist ihr Hauptfach und Soziologie ist ihr Nebenfach.

Lektion 12
Wiederholungen

Grammatikübungen

Übung 1

1. A: Wohin ________ Sie gehen? (wollen)
   B: Ich ________ ins Kino gehen.
2. A: ________ ich hier rauchen? (dürfen)
   B: Nein, du ________ hier nicht rauchen.
3. A: ________ sie den ganzen Tag arbeiten? (müssen)
   B: Ja, sie ________ den ganzen Tag arbeiten.
4. A: ________ ich hier bleiben? (müssen)
   B: Nein, du ________ nicht hier bleiben.
5. A: ________ ich es ändern? (können)
   B: Nein, du ________ es nicht ändern.

Übung 2

1. A: Regnet ________ immer noch?
   B: Nein, ________ regnet nicht mehr.
2. A: Was muss man zum Segeln mitnehmen?
   B: Wir ________ nichts mitzunehmen.
3. A: ________ das Wetter wieder besser?
   B: Ja, der Himmel ________ immer klarer.

4. A: Ist Otto größer als Wilhelm?

   B: Nein, Otto ist __________ als Wilhelm.

5. A: Wer läuft am __________ in der Klasse?

   B: Peter läuft am __________ .

Übung 3

1. A: Wie viel Cent sind ein Euro?

   B: 100 ______________ .

2. A: Wie viele ____________ lehren an deiner Schule?

   B: Dreißig _____________ sind an meiner Schule.

3. A: _____________ Klasse oder zweite Klasse?

   B: Zweite Klasse, bitte.

4. A: ___________ oder hin und zurück?

   B: Hin und zurück, bitte.

5. A: Wann kommt der Zug in Berlin an?

   B: Er kommt um 14 Uhr, also um 2 Uhr __________ in Berlin an.

Übung 4

1. A: __________ ist deine Wohnung?

   B: Meine Wohnung liegt __________ dem Hauptbahnhof.

2. A: Wie gehst du __________ Hause?

   B: Ich fahre __________ dem Bus.

3. A: Trinken Sie Kaffee __________ Zucker?

   B: Nein, ich trinke Kaffee __________ Zucker.

4. A: __________ fährt der Zug?

   B: Der Zug fährt __________ München.

5. A: __________ Bus nehmen Sie?

   B: Ich nehme __________ Bus Linie 15.

Übung 5

1. A: __________ kaufst du dir?
   B: Ich kaufe __________ ein Buch.
2. A: __________ erinnerst du dich?
   B: Ich erinnere __________ an das Spiel.
3. A: __________ soll ich rechnen?
   B: Du sollst __________ dem Wetter rechnen.
4. A: Interessierst du dich __________ Kunst?
   B: Ja, __________ interessiere ich mich sehr.
5. A: Kümmerst du __________ um die Kinder?
   B: Nein, meine Frau kümmert __________ um sie.

Wortschatzübungen

Übung 1

Foto, Musik, Preis, Schalter, Passant

1. Ich höre auch gern __________ .
2. Ich mache auch ein __________ von dir.
3. Peter fragt einen __________ nach dem Weg.
4. Am __________ kaufen sie jetzt die Fahrkarten.
5. Das Essen in der Mensa ist für den __________ nicht schlecht

Übung 2

abbiegen, kaufen, machen, sammeln, unterhalten

1. Das Segeln __________ mir viel Spaß.
2. Am Schalter __________ sie die Fahrkarten.

3. Ich ____________ Briefmarken und Sondermünzen.

4. Sie ____________ sich mit anderen Studentinnen über das Studium.

5. An der Kreuzung müssen Sie nach rechts ____________ .

Übung 3

am, bis, für, seit, von

1. Gehen Sie ________ zur Post.
2. Mathematik ist nichts ______ mich.
3. ______ gestern ist Peter in Bonn.
4. Machen wir ein paar Fotos ______ dir!
5. Ich muss _______ Wochenende die ganze Zeit arbeiten.

Übung 4

entfernt, frei, lange, schwach, weiter

1. Hier rechts ist ___________ .
2. Mit dem Auto dauert es noch ___________ .
3. Ich möchte ___________ hier studieren.
4. Das Beethoven-Haus ist von hier nicht weit ___________ .
5. Der Wind ist auch weder stark noch ___________ .

Übung 5

dort, geradeaus, über, zuerst, zusammen

1. Das sind ja ___________ 5 Stunden!
2. Julia und Hana sehen ___________ fern.
3. Sie müssen diese Straße ___________ gehen.
4. ___________ muss ich Mathematik und Statistik lernen.

5. Sie fahren an den Bodensee und bleiben __________ eine Woche.

Fragen zum Text

Hansu studiert Germanistik und Kunstgeschichte. Germanistik ist also sein 1. Fach und Kunstgeschichte ist sein 2. Fach. Er will in Deutschland weiter studieren. Er interessiert sich besonders für Gedichte. Die Gedichte von Heinrich Heine faszinieren ihn sehr. ‹Im wunderschönen Monat Mai› und ‹Die Loreley› sind z.B. von Heine. ‹Die Loreley› ist in Korea als Lied sehr bekannt.
Hansu spielt gerne Geige. Er ist Mitglied der Universitätsphilharmonie. Im November findet ein Konzert statt. Deshalb übt er jeden Tag sehr fleißig.

1. Was studiert Hansu?
2. Wofür interessiert sich Hansu besonders?
3. Nennen Sie Gedichte von Heinrich Heine!
4. Was spielt Hansu gerne?
5. Wann findet das Konzert statt?

Wörter und Phrasen

die Kunstgeschichte 예술사 (die Kunst + die Geschichte); das Fach, die Fächer 전공; das Gedicht, die Gedichte 시; faszinieren [동] 매혹하다; wunderschön [형] 매우 아름다운; der Monat, die Monate 달, 월(月); das Lied, die Lieder 노래, 가곡; bekannt [형] 알려진; die Geige, die Geigen 바이올린; das Mitglied, die Mitglieder 회원, 구성원; der November 11월; stattfinden [동] 개최되다; das Konzert, die Konzerte 콘서트; üben [동] 연습하다; fleißig [형] 부지런한, 열심인

로렐라이

왜 그런지 그 까닭은 알 수 없지만
내 마음은 자꾸만 슬퍼지네.
옛날부터 전해오는 그 이야기가
내 마음에 메아리쳐 사라지지 않네.

공기는 싸늘하고 해거름 드리웠는데
라인 강은 고요히 흘러가고,
산꼭대기는 저녁 노을로
눈부시게 찬란히 빛나는데,

저 건너 언덕 위에는 놀랍게도
아름다운 아가씨가 앉아,
금빛 장신구를 반짝거리며,
황금빛 머리칼을 빗어내리네.

황금의 빗으로 머리 빗으며
그녀는 노래를 부르네.
기이하게 사람을 유혹하는
선율의 노래를.

조그만 배에 탄 뱃사공은
걷잡을 수 없는 비탄에 사로잡혀
암초는 바라보지도 않고,
언덕 위만 쳐다보네.

마침내는 물결이 조그만 배와 함께
뱃사공을 삼켜 버릴 것이다.
그리고 그것은 그녀의 노래로써
로렐라이가 한 것이리라.

(하인리히 하이네)

Die Loreley

Ich weiß nicht, was soll es bedeuten,
Daß ich so traurig bin;
Ein Märchen aus alten Zeiten,
Das kommt mir nicht aus dem Sinn.

Die Luft ist kühl und es dunkelt,
Und ruhig fließt der Rhein;
Der Gipfel des Berges funkelt
Im Abendsonnenschein.

Die schönste Jungfrau sitzet
Dort oben wunderbar,
Ihr goldenes Geschmeide blitzet,
Sie kämmt ihr goldenes Haar.

Sie kämmt es mit goldenem Kamme,
Und singt ein Lied dabei.
Das hat eine wundersame,
Gewaltige Melodei.

Den Schiffer im kleinen Schiffe
Ergreift es mit wildem Weh;
Er schaut nicht die Felsenriffe,
Er schaut nur hinauf in die Höh'.

Ich glaube, die Wellen verschlingen
Am Ende Schiffer und Kahn;
Und das hat mit ihrem Singen
Die Loreley getan.

(Heinrich Heine)*

* Heinrich Heine, Sämtliche Werke. Historisch-Kritische Gesamtausgabe der Werke, Bd. 1/1. Hamburg, 1973, S. 206f.

Lektion 13
Bei der Bank

Dialog

Minho geht heute zur Bank, weil er die Reiseschecks einlösen und ein Konto eröffnen möchte.

Angestellter: Guten Tag, was kann ich für Sie tun?
Minho: Ich möchte diese Reiseschecks einlösen.
Angestellter: Haben Sie Ihren Ausweis dabei?
Minho: Ja, hier ist mein Reisepass.
Angestellter: Möchten Sie das Geld in bar oder auf ein Konto einzahlen?
Minho: Lieber auf ein Konto. Aber ich muss zuerst ein Konto eröffnen.
Angestellter: Füllen Sie bitte dieses Formular aus!
Minho: Ja, gerne.

Minho: Soll ich hier unterschreiben?
Angestellter: Ja, genau.
Sie haben jetzt zwei Konten, ein Sparkonto und ein Girokonto. Auf welches Konto soll das Geld denn eingehen?
Minho: Was würden Sie mir empfehlen?
Angestellter: Legen Sie das Geld lieber auf dem Sparkonto an, weil Sie dann mehr Zinsen bekommen.
Minho: Wozu braucht man dann ein Girokonto?
Angestellter: Das braucht man, wenn man Miete oder Gebühren überweisen möchte.

Minho: Dann möchte ich die Hälfte des Betrags auf das Girokonto einzahlen.

Wörter und Phrasen

die Bank, die Banken 은행; der Reisescheck 여행자수표 (die Reise + der Scheck); einlösen [동] 환불받다, 현찰로 바꾸다; einzahlen [동] 입금하다; das Konto, die Konten (은행) 계좌; eröffnen [동] 열다, 만들다; der Ausweis, die Ausweise 신분증; der Reisepass 여권 (die Reise + der Pass); bar [형] 현금의: in ~ 현금으로; zuerst [부] 우선, 먼저; ausfüllen [동] 채우다, 기입하다; das Formular, die Formulare 양식; unterschreiben [동] 서명하다; das Sparkonto 저축 계좌 (sparen + das Konto); das Girokonto 대체, 이체 계좌 (das Giro + das Konto); eingehen (auf + 4격) [동] …에 입금하다; empfehlen [동] 추천하다; anlegen (auf + 3격) [동] …에 저축하다; der Zins, die Zinsen 이자; bekommen [동] 받다; brauchen [동] 필요로 하다; die Miete, die Mieten 집세; die Gebühr, die Gebühren 요금, 수수료; überweisen [동] 이체하다; die Hälfte 절반; der Betrag, die Beträge 금액, 액수

Landeskunde

1. 독일의 은행

독일에는 도이체 방크(Deutsche Bank), 코메르츠 방크(Commerzbank)와 같은 글로벌 은행뿐 아니라, 슈파카세(Sparkasse)처럼 지역 단위별 근거지를 두고 은행 업무를 보는 금융기관도 있다.

2. 통장의 종류

독일에서는 은행에 계좌를 만들면, 보통 예금통장(Sparkonto)과 지로통장(Girokonto)을 동시에 만들어준다. 예금통장은 이자율이 상대적으로 높지만 계좌이체용으로 사용할 수 없고, 지로통장은 이자가 (거의) 붙지 않는 대신 계좌 간 이체를 하는 데 편리하고 경제적이다.

1. 명령법: Sie에 대한 명령형

Legen Sie das Geld auf dem Sparkonto an!
Seien Sie ruhig!
Füllen Sie dieses Formular aus!

» 존칭 Sie에 대한 명령형은 동사어간에 어미 -en을 붙여서 만든다. 따라서 Sie에 대한 명령형은 대부분의 경우 Sie의 인칭변화형과 동일하다. (예, legen: leg-(어간) + -en(어미))
» sein 동사의 경우에는 Sie에 대한 명령형이 인칭변화형과 다르게 나타난다.
(예, sein: sei-(어간) + -en(어미))
» 분리동사의 경우에는 분리전철이 문장 끝에 나타난다.
(예, anlegen: Legen Sie … an!, ausfüllen: Füllen Sie … aus!)
» 존칭 Sie의 명령문에서는 먼저 동사가 오고 다음에 인칭대명사가 온다.
Sie legen das Geld auf dem Sparkonto an.
→ Legen Sie das Geld auf dem Sparkonto an!

2. 문장 형식 (주문장/부문장)

독일어의 서술문 문장형식으로 주문장과 부문장이 있다.
— 주문장: 정동사가 두 번째 위치에 있다.
— 부문장: 접속사가 있고 정동사가 문장 끝에 위치한다.

주문장: Sie *können* dann mehr Zinsen bekommen.
부문장: Weil Sie dann mehr Zinsen bekommen *können*, …
주문장: Man möchte Miete oder Gebühren überweisen.
부문장: Wenn man Miete oder Gebühren überweisen *möchte*, …

3. 접속사 weil과 wenn

• 접속사 weil과 wenn으로 유도되는 부문장은 각각 사태의 원인과 조건을 나타낸다.

Minho geht auf die Bank, *weil* er ein Konto eröffnen möchte.
Das braucht man, *wenn* man Miete oder Gebühren überweisen möchte.

• weil-과 wenn- 부문장은 주문장 앞에 오거나 주문장 다음에 올 수 있다.

Minho geht auf die Bank, *weil* er ein Konto eröffnen möchte.
Weil er ein Konto eröffnen möchte, geht Minho auf die Bank.

Man braucht ein Girokonto, *wenn* man Miete oder Gebühren überweisen möchte.
Wenn man Miete oder Gebühren überweisen möchte, braucht man ein Girokonto.

» weil-과 wenn- 부문장이 주문장 앞에 오는 경우에는 주문장의 어순이 도치된다.

Übungen

Übung 1

1. Minho geht heute auf die Bank, __________ er die Reiseschecks einlösen möchte.
2. Legen Sie das Geld lieber auf dem Sparkonto an, __________ Sie dann mehr Zinsen bekommen können.
3. __________ Sie viel Geld haben, legen Sie das Geld auf dem Sparkonto an!
4. Man braucht ein Konto, __________ man Miete oder Gebühren überweisen möchte.
5. Dieses Restaurant ist immer voll, __________ es beliebt ist.

Übung 2

anlegen, ausfüllen, kommen, nehmen, sein

1. A: __________ Sie bitte ruhig!
   B: Ja, entschuldigen Sie.
2. A: Darf ich euch besuchen?
   B: Ja, __________ Sie mal zu uns.
3. A: Ich möchte ein Konto eröffnen.
   B: __________ Sie bitte dieses Formular __________ !
4. A: Was würden Sie mir empfehlen?
   B: __________ Sie das Geld auf dem Sparkonto __________ .
5. A: Wie oft soll ich diese Tabletten nehmen?
   B: __________ Sie bitte dreimal täglich zwei Tabletten nach dem Essen.

Übung 3

1. A: Was kann ich für Sie tun?
   B: Ich möchte diese Reiseschecks __________ .
2. A: Haben Sie Ihren Ausweis dabei?
   B: Ja, hier ist mein __________ .
3. A: Möchten Sie das Geld __________ oder auf ein Konto einzahlen?
   B: Lieber auf ein Konto.

Übung 4

1. A: Auf welches Konto soll das Geld dann eingehen?
   B: ______________________________________ .
   (ich, einzahlen, es, das, möchten, Girokonto, auf)
2. A: Wozu braucht man dann ein Girokonto?
   B: ______________________________________ .
   (brauchen, man, möchten, das, Miete, wenn, überweisen)

3. A: ______________________________________ ?

(Sie, was, mir, empfehlen, würden)

B: Legen Sie das Geld auf dem Sparkonto an!

Übung 5

1. Sie ______________________________________ .

(jetzt, zwei, haben, Sparkonto, und, ein, Konten, Girokonto)

2. Minho ______________________________________ ?

(heute, möchten, eröffnen, Konto, zur, gehen, er, Bank, weil, ein)

3. Ich ______________________________________ .

(Drittel, der, einzahlen, ein, Betrag, das, möchten, Girokonto, auf)

Aktivitäten

1. 인터넷 검색사이트(예, http://de.yahoo.com)에서 환율을 찾아 아래 대화를 완성해 보시오.

A: Ich möchte Euro in Dollar(Won/Pfund…) wechseln.
Wie ist der Wechelkurs?

B: Ein Euro ist _______ Dollar(Won/Pfund…).
Wie viel möchten Sie wechseln?

A: Ich möchte 500 Euro wechseln.

B: 500 Euro sind dann _______ Dollar(Won/Pfund…).

A: Wie hoch ist die Gebühr?

B: Kleinen Moment, bitte. Die Gebühr beträgt…

2. 아래 표에 숨어 있는 단어를 찾아 대화를 완성해 보시오.

P	N	V	J	S	A	R	C	N	A	L	A
G	T	W	D	C	U	S	H	M	L	W	I
D	E	C	I	H	Q	A	N	B	L	C	N
F	Ü	H	R	E	R	S	C	H	E	I	N
S	S	L	R	C	N	K	L	S	S	F	S
B	A	E	K	K	W	Ö	L	F	A	E	E
S	F	V	W	S	B	C	S	N	N	V	F

A: Guten Tag, was kann ich für Sie tun?

B: Ich möchte diese __________ einlösen.

A: Haben Sie Ihren Ausweis dabei?

B: Ja, hier ist mein __________ .

Lektion 14
Im Hotel

Dialog

Hana und Julia sind jetzt in Wien und wollen dort drei Tage bleiben. Am Bahnhof finden sie ein Hotel.

Angestellte: Guten Tag! Kann ich Ihnen helfen?
Julia: Guten Tag! Haben Sie noch Zimmer frei?
Angestellte: Wie lange möchten Sie denn bleiben?
Julia: Drei Tage.
Angestellte: Kleinen Moment, bitte. Ja, wir haben zwei Doppelzimmer frei.
Eines mit Bad und ein anderes mit Dusche.
Welches Zimmer möchten Sie?
Julia: Wir nehmen lieber das Zimmer mit Bad.
Ist das Frühstück im Preis enthalten?
Angestellte: Ja, natürlich! Füllen Sie bitte dieses Formular aus!
Julia: Ja, gerne.
Angestellte: Sie haben Zimmernummer 335.
Ich gebe Ihnen zwei Kartenschlüssel.
Julia: Danke schön. Und wo ist das Zimmer?
Angestellte: Nehmen Sie den Aufzug da und steigen Sie im 3. Obergeschoss aus.
Dort gehen Sie nach rechts bis zum Ende des Korridors.
Julia: Alles klar!

Julia: Das ist unser Zimmer! Aber wie kann ich die Tür öffnen?

Hana: Mit dieser Karte natürlich. Steck sie mal dort ein!

Julia: Das versuche ich ja. Aber es funktioniert nicht.

Hana: Die Karte hat vielleicht einen Fehler.
Kannst du es mal mit meiner Karte versuchen?

Julia: Ja, gib mir mal deine Karte!
Es funktioniert.

Wörter und Phrasen

das Hotel, die Hotels 호텔; der Bahnhof, die Bahnhöfe 기차역; der Moment 순간: Kleinen ~! 잠깐만요!; das Doppelzimmer (침대가 둘 있는) 2인용 방 (das Doppel + das Zimmer); das Bad 욕실; die Dusche 샤워 (시설); das Frühstück 아침식사 (früh + das Stück); enthalten [동] 포함하다; der Kartenschlüssel 카드 키 (die Karte + der Schlüssel); der Aufzug, die Aufzüge 엘리베이터; aussteigen [동] 내리다; das Obergeschoss (상)층; der Korridor 통로, 복도; einstecken [동] 꽂다; funktionieren [동] 작동하다; vielleicht [부] 혹시, 아마; der Fehler, die Fehler 실수, 고장; versuchen [동] 시도하다

Landeskunde

1. 독일어권 호텔들의 특징

독일 및 오스트리아 등 유럽의 고급호텔들은 역사가 오래된 건물이나 고성(Burg)의 외관은 그대로 유지하면서 내부만 현대식으로 개조하여 사용하는 경우가 많다.

빈의 자허 호텔(Hotel Sacher)

2. 호텔에서 제공되는 아침식사

독일어권의 호텔에서는 뷔페식 아침식사를 제공하는 경우가 많은데, 아침식사에는 브뢰트헨(Brötchen)을 비롯한 다양한 종류의 빵과 치즈, 햄, 그리고 야채가 나온다.

독일어권 호텔의 아침식사

Grammatik

1. 동사의 명령형

부정형	du	ihr	Sie
sagen	sag …!	sagt …!	sagen Sie …!
stecken	steck …!	steckt …!	stecken Sie …!
fahren	fahr …!	fahrt …!	fahren Sie …!
halten	halt …!	haltet …!	halten Sie …!
geben	gib …!	gebt …!	geben Sie …!
helfen	hilf …!	helft …!	helfen Sie …!
nehmen	nimm …!	nehmt …!	nehmen Sie …!
sehen	sieh …!	seht …!	sehen Sie …!

2. 명령문: du에 대한 명령형

du에 대한 명령형은 단수 2인칭의 현재인칭변화에서 어간만을 사용하여 만든다. (규칙동사: gehen-geh, sagen-sag, stecken-steck; 불규칙동사: geben-gib, helfen-hilf, nehmen-nimm, sehen-sieh)

Du sagst die Wahrheit. → Sag bitte die Wahrheit!
Du steckst die Karte dort ein. → Steck mal die Karte dort ein!
Du gibst mir die Karte. → Gib mir mal die Karte!
Du hilfst mir. → Hilf mir bitte!

» 현재인칭변화에서 사용된 움라우트는 du에 대한 명령형에서는 사라진다.

Du fährst langsam. → Fahr doch langsamer!
Du hältst das Auto hier an! → Halt(e) mal das Auto hier an!

» sein의 du에 대한 명령형은 "bist…"가 아니라 "sei…"이고, haben의 du에 대한 명령형은 "hast…"가 아니라 "hab…"이다.

Du bist ruhig. → Sei bitte ruhig!
Du hast keine Angst! → Hab doch keine Angst!

3. 명령문: ihr에 대한 명령형

ihr에 대한 명령형은 복수 2인칭의 현재인칭변화형을 인칭대명사(ihr) 없이 사용한다. (gehen-geht, sagen-sagt, stecken-steckt, geben-gebt, helfen-helft, nehmen-nehmt, sehen-seht, fahren-fahrt, halten-haltet, sein-seid, haben-habt)

Ihr sagt die Wahrheit. → Sagt bitte die Wahrheit!
Ihr steckt die Karte dort ein. → Steckt mal die Karte dort ein!
Ihr gebt mir die Karte. → Gebt mir mal die Karte!

Ihr helft mir. → Helft mir bitte!

Ihr fahrt langsam. → Fahrt doch langsamer!

Ihr parkt das Auto hier. → Parkt das Auto hier!

Ihr seid ruhig. → Seid bitte ruhig!

Ihr habt keine Angst. → Habt doch keine Angst!

> Wörter und Phrasen
> langsam [형] 느린; halten [동] 정지하다, 세우다; ruhig [형] 조용한

Übungen

Übung 1

1. ________ mir mal deine Karte! (geben)
2. ________ mal die Karte dort ________ ! (einstecken)
3. ________ euch neben mich! (setzen)
4. ________ doch langsamer! (fahren)
5. ________ den Aufzug da und ________ im 3. Obergeschoss ________ .
   (nehmen, aussteigen)

Übung 2

> ausfüllen, enthalten, gehen, helfen, versuchen

1. A: Guten Tag! Kann ich Ihnen ________ ?
   B: Haben Sie noch Zimmer frei?
2. A: Ist das Frühstück im Preis ________ ?
   B: Ja, natürlich!
3. A: ________ Sie bitte dieses Formular ________ !
   B: Ja, gerne.

4. A: Wo ist das Zimmer?

   B: __________ Sie bitte bis zum Ende des Korridors.

5. A: Kannst du es mal mit dieser Karte __________ ?

   B: Ja, gerne.

Übung 3

1. Du fährst zu schnell. Bitte __________ doch langsamer!
2. Du bist zu laut. Bitte __________ ruhig!
3. Ihr habt Angst. __________ doch keine Angst!
4. Ihr helft mir nicht. Bitte __________ mir!
5. Ihr sagt nicht die Wahrheit. _________ bitte die Wahrheit!

Übung 4

1. A: ______________________________ . (ich, Schlüssel, Ihnen, geben, zwei)

   B: Danke schön.

2. A: ______________________________ ? (Tür, kann, wie, die, öffnen, ich)

   B: Mit dieser Karte natürlich. Steck sie mal dort ein!

3. A: ______________________________ ? (denn, wie, möchten, lange, Sie, bleiben)

   B: Eine Woche.

Übung 5

1. Hana und Julia ____ .

   (in, bleiben, wollen, drei, Wien, Tage)

2. Der ____ .

   (haben, vielleicht, Fehler, ein, Schlüssel)

3. Wir ____ .

   (mit, haben, frei, ein, Bad, Doppelzimmer)

Aktivitäten

1. 다음은 호텔 프론트에서의 대화이다. 두 명씩 짝을 지어 대화를 완성해 보시오.

A: Guten Abend! Kann ich Ihnen helfen?
B: Guten Abend! Haben Sie noch Zimmer frei?
A: Wie lange möchten Sie denn bleiben?
B: Wir möchten ______________ bleiben.
A: Kleinen Moment, bitte. Ja, wir haben ______________ frei.
B: Sehr schön! Wie hoch ist der Preis?
A: Pro Nacht ______________ Euro.
B: Das passt sehr gut!
A: Sie haben Zimmernummer ______________.
Ich gebe Ihnen zwei Schlüssel.
B: Danke schön!

2. 다음은 호텔의 인터넷예약 양식이다. 이 양식을 채워 보시오.

Reservierungsanfrage

(1) Ihre Adressdaten

Firma:
Anrede: Herr / Frau
Vorname:
Name:
Straße/Nr.:
PLZ/Ort:
Land:
Telefon:

Mobil:	
E-Mail:	

(2) Reiseinformation

Anreise:	
Abreise:	
Personen:	1 / 2 / 3 / 4 / 5
Zimmer:	EZ / DZ
	Raucher / Nichtraucher

Lektion 15
Im Museum

Dialog

Hana und Julia besuchen die Wiener Hofburg. Die Hofburg war über 600 Jahre lang die Residenz der Habsburger. In der Burg gibt es ein Sisi-Museum.

Hana: Julia, schau mal das Bild da! Wer ist das?
Julia: Das ist Kaiserin Elisabeth. Ihr Kosename ist Sisi.
Hana: Ah, deshalb heißt dieses Museum Sisi-Museum!
Wer war denn ihr Mann, also der Kaiser?
Julia: Das war Kaiser Franz Joseph. Er war der Kaiser von Österreich.
Hana: Ist das hier vielleicht sein Bild?
Julia: Ja, stimmt.
Hana: Und wer ist dieser Mann?
Julia: Das ist der Vater der Kaiserin, Herzog Max Joseph in Bayern.
Hana: Ist Elisabeth also in Bayern aufgewachsen?
Julia: Ja, sie lebte in ihrer Kindheit in München.
Ihre Familie verbrachte aber den Sommer in einem Schloss außerhalb von München.
Hana: Ist sie auch zur Schule gegangen?
Julia: Nein, ihre Mutter unterrichtete sie.
Trotzdem fand der Unterricht jeden Tag außer Sonntag statt.
Hana: Wann ist sie nach Wien gekommen?
Julia: Auf dem Schild steht: 1854 verließ sie München und reiste nach Wien.
Damals war sie 16 Jahre alt.

Hana: War sie in Wien glücklich?

Julia: Das weiß niemand.

Aber sie soll die Strukturen und Etikette des Hofes kritisiert haben.

Das Leben als Kaiserin hat ihr bestimmt nicht gefallen.

Hana: Das kann ich verstehen.

Wörter und Phrasen

das Museum, die Museen 박물관; die Residenz, die Residenzen 저택, 관저; die Burg, die Burgen 성; schauen [동] (바라)보다; das Bild, die Bilder 그림; der Kosename 애칭 (kosen + der Name); der Kaiser, die Kaiser 황제; stimmen [동] 맞다; die Kaiserin, die Kaiserinnen 황후, 여제; der Herzog 공작; leben [동] 살다; aufwachsen [동] 자라다; die Kindheit 어린 시절; verbringen [동] 보내다; das Schloss 성; außerhalb [전] …바깥쪽에; unterrichten [동] 가르치다; trotzdem [부] 그럼에도 불구하고; täglich [부] 날마다; außer [전] …을 제외하고; das Schild, die Schilder (안내)판; verlassen [동] 떠나다; reisen [동] 여행하다; damals [부] 그 당시에; glücklich [형] 행복한; die Struktur, die Strukturen 구조; die Etikette, die Etiketten 예절, 에티켓; der Hof, die Höfe (왕)궁; kritisieren [동] 비판하다; bestimmt [부] 확실히, [형] 정해진, 일정한

Landeskunde

1. 빈의 호프부르크(Hofburg)

오스트리아 빈(Wien)에 있는 호프부르크는 13세기부터 20세기 초까지 합스부르크 왕가가 살던 곳인데, 1945년 이후 오스트리아 대통령의 관저로 사용되고 있다. 호프부르크 안에는 오스트리아 국립도서관(Österreichische Nationalbibliothek)과 여러 박물관이 함께 들어 있다.

2. 시시 박물관(Das Sisi-Museum)

시시 박물관은 프란츠 요제프 오스트리아 황제의 아내 엘리자베트 황후를 기억하기 위해 호프부르크 내부에 그녀의 삶과 관련된 물건 및 초상화 등을 전시한 곳이다. 엘리자베트 황후는 뮌헨에서 바이에른 공작 막스 요제프의 딸로 태어나 16세의 어린 나이에 프란츠 요제프 황제와 결혼했다. 빈의 궁중 생활을 불편하게 느꼈던 그녀는 기회가 있을 때마다 유럽, 소아시아, 북아프리카 등지로 여행을 했는데, 특히 헝가리는 그녀가 즐겨 방문하던 곳이다. 그녀는 문학에도 관심이 많아 셰익스피어 작품을 그리스 어로 번역하기도 했다. 엘리자베트 황후는 제네바 근교를 여행하던 중 이탈리아의 한 괴한으로부터 피습을 당해 61세의 나이로 비운의 생을 마쳤다.

호프부르크

엘리자베트 황후의 초상화[1]

프란츠 요제프 황제의 초상화[2]

1 출처: G. Raab: Elisabeth im Rubinschmuck.

2 출처: Franz Xaver Winterhalter: Franz Joseph I.

1. 동사의 과거인칭변화

1) 규칙동사의 과거형: leben – lebte

Sg.		Pl.	
ich	lebte	wir	lebte-n
du	lebte-st	ihr	lebte-t
er/sie/es	lebte	sie	lebte-n
Sie	lebte-n		

» 규칙변화를 하는 동사: lieben—liebte, machen—machte, sagen—sagte, studieren—studierte 등

» 단수 1, 3인칭에서는 과거기본형(-te)을 그대로 쓰고, 그 밖의 인칭에서는 과거기본형(-te)에 현재형에서와 동일한 어미를 붙인다.

» 어간이 -d, -t, -m, -n으로 끝나는 동사의 경우 어간과 과거어미 -te 사이에 -e-를 넣는다: reden —redete, heiraten—heiratete, warten—wartete 등

2) 불규칙동사의 과거형: sein – war

Sg.		Pl.	
ich	war	wir	war-en
du	war-st	ihr	war-t
er/sie/es	war	sie	war-en
Sie	war-en		

» 단수 1, 3인칭이 같은 형태이고, 그 밖의 인칭은 현재형에서와 동일한 어미를 붙인다.

» haben, werden의 과거: haben—hatte, werden—wurde

» 화법조동사의 과거: müssen—musste, sollen—sollte, wollen—wollte, können—konnte, dürfen—durfte

» 기타 불규칙동사의 과거: gefallen—gefiel, schreiben—schrieb, bekommen—bekam, verbringen—verbrachte, verlassen—verließ, (statt)finden—(statt)fand

2. 과거분사(Partizip Präteritum = PP)의 형태

규칙동사: ge + 부정형 어간 –t (예, leben — gelebt)

» 분리동사의 경우: 과거분사의 ge-는 분리전철과 동사어간 사이에 위치한다.
(예, aufwachsen—auf*ge*wachsen, stattfinden—statt*ge*funden)
» 비분리동사 또는 -ieren으로 끝나는 외래어 동사에서 ge-는 탈락한다.
(예, besuchen—besucht, erholen—erholt, studieren—studiert, kritisieren—kritisiert)

3. 독일어의 시제: 과거시제와 현재완료 시제

1) 과거(Präteritum)시제: 동사의 과거형태로 표현

1854 *verließ* sie München und *reiste* nach Wien.
Wer *war* denn ihr Mann? — Das *war* Kaiser Franz Joseph.
Er *war* der Kaiser von Österreich.

2) 현재완료(Perfekt) 시제: sein/haben의 현재형 정동사 + 과거분사

Wann *ist* sie nach Wien *gekommen*?
Sie *ist* in Bayern *aufgewachsen*.
Das Leben als Kaiserin *hat* ihr nicht *gefallen*.

» sein 혹은 haben?
<u>sein</u>
—장소 이동이나 상태 변화를 의미하는 자동사 kommen, gehen, fahren; aufwachsen, werden, einschlafen 등 (sein, bleiben은 예외적으로 sein과 결합)
<u>haben</u>
—sein과 결합하는 동사 외 모든 동사 (타동사, 비인칭동사, 화법조동사 등)
» 현재완료형 혹은 과거형?
—일상생활에서 과거 사실의 표현에는 주로 현재완료형을 사용
—역사적 사실의 기술이나 신문 보도 등에는 주로 과거형을 사용

Wörter und Phrasen
reden [동] 말하다 ; heiraten [동] 결혼하다 ; einschlafen [동] 잠들다

Übungen

Übung 1

1. 1854 __________ sie München. (verlassen)
2. Damals __________ sie 16 Jahre alt. (sein)
3. Das Leben als Kaiserin hat ihr bestimmt nicht __________ . (gefallen)
4. Sie soll schon die Strukturen und die Etikette des Hofes _________ haben. (kritisieren)
5. Ist sie auch zur Schule _________ ? (gehen)

Übung 2

aufwachsen, besuchen, leben, sein, unterrichten

1. Sisi __________ damals keine Schulen.
2. Sisi __________ in Bayern __________ .
3. Die Mutter der Kaiserin Elisabeth __________ sie.
4. Er __________ Kaiser von Österreich.
5. Sisi __________ in ihrer Kindheit in München.

Übung 3

1. A: __________ war denn ihr Mann?
   B: Das war Kaiser Franz Joseph.
2. A: __________ sie in Wien glücklich?
   B: Das weiß niemand.

3. A: Es hat ihr in Wien nicht gefallen.

B: __________ kann ich verstehen.

4. A: Was ist der _________ der Kaiserin?

B: Ihr _________ ist Sisi.

5. A: __________ mal das Bild da! Wer ist das?

B: Das ist Kaiserin Elisabeth.

Übung 4

1. A: Wer ist dieser Mann?

B: ____ . (Kaiserin, das, ist, der, Vater)

2. A: ____ ?

(sein, kommen, sie, wann, dann, nach, Wien)

B: 1854 reiste sie nach Wien.

3. A: ____ ?

(hier, sein, vielleicht, sein, das, Bild)?

B: Ja, stimmt.

Übung 5

1. In ____ .

(die, ein, es, Burg, geben, Sisi-Museum)

2. Deshalb ________________________________ !

(heißen, dieses, Sisi-Museum, Museum)

3. Trotzdem _______________________________ .

(jeden Tag, der, Sonntag, Unterricht, außer, stattfinden)

4. Die ____________________________________ .

(die, Residenz, Hofburg, der, sein, Habsburger)

5. Das ____________________________________ .

(sein, Kosename, Kaiserin, Elisabeth, ihr, Sisi)

1. 두 명씩 짝을 지은 뒤, 본문에 제시되어 있는 초상화를 가리키며 A와 B의 대화를 완성해 보시오. 이때 A는 보기의 ①/②/③을, B는 ㉠/㉡/㉢을 참고하시오.

A: Schau mal dieses Bild hier! Wer ist das?

B: Das ist ________ (㉠/㉡/㉢) ________.

A: Ah, ________ (①/②/③) ________.

보기

㉠ Kaiserin Elisabeth

㉡ Kaiser Franz Joseph

㉢ der Vater der Kaiserin Elisabeth

① ihr Kosename ist Sisi

② er war der Kaiser von Österreich

③ er war Herzog Max in Bayern

2. 다음은 아인슈타인(Albert Einstein)의 생애를 연도별로 정리한 것이다. 괄호 안의 동사를 활용하여 아인슈타인의 인생을 서술해 보시오.

14. 3. 1879: geboren in Ulm
1896–1900: Studium der Physik und Mathematik an der Hochschule
1903: Heirat mit Mileva Maric
1912: Verleihung des Doktortitels
1915: Aufsatz über die "Allgemeine Relativitätstheorie"
1921: Verleihung des Physik-Nobelpreises

Albert Einstein wurde am 14. März 1879 in Ulm geboren. Von 1896 bis 1900 (studieren) er an der Hochschule Physik und Mathematik. 1903 (heiraten) er Mileva Maric. 1905 (machen) er seinen Doktor. Er (schreiben) 1915 einen Aufsatz über die "Allgemeine Relativitätstheorie". Im Jahr 1921 (bekommen) er den Physik-Nobelpreis.

Lektion 16
Im Restaurant

Dialog

Hana und Minho wollen gemeinsam mit Julia im Restaurant essen. Aber wegen des dichten Verkehrs kommt Julia später. Deshalb gehen die beiden zuerst ins Restaurant.

Frau: Guten Abend! Wie viele Personen?
Minho: Zwei, nein drei. Später kommt noch eine Kollegin.
Frau: Folgen Sie mir bitte!
Wie finden Sie diesen kleinen Tisch hier am Fenster?
Minho: Sehr schön.
Frau: Hier ist die Karte. Möchten Sie zuerst etwas trinken?
Minho: Ja, ich möchte gerne ein Glas Bier vom Fass.
Frau: Helles oder dunkles?
Minho: Ein helles, bitte!
Frau: Was möchten Sie?
Hana: Ich möchte gerne ein großes Glas Apfelsaft.

Nach ein paar Minuten bringt die Frau die Getränke.

Frau: Ein helles Bier für Sie und einen Apfelsaft für Sie.
Haben Sie schon etwas zu essen ausgewählt?
Minho: Ja, ich möchte gerne ein Schweineschnitzel.
Frau: Und Sie?

Hana: Vielleicht einen Salatteller. Was ist denn in dem Salat?

Frau: Verschiedene Sorten Gemüse, frischer Käse und gekochte Eier.

Hana: Ich nehme dann einen Salatteller.

Frau: Also, ein Schweineschnitzel und einen Salatteller.

Hana: Ja, genau. Ah, da kommt schon Julia!

Minho: Wo ist sie denn?

Hana: Neben der Ampel. Die Frau mit den blonden Haaren neben dem kleinen Kind.

Wörter und Phrasen

gemeinsam [부] 함께, 공동으로; das Restaurant, die Restaurants 식당; dicht [형] 조밀한, 심한; der Verkehr, die Verkehr 교통; die Kollegin, die Kolleginnen (여자) 동료, 친구; folgen [동] 따르다; rund [형] 둥근; das Menü, die Menüs 메뉴, 식단; das Glas, die Gläser 잔, 컵, 유리; das Bier, die Biere 맥주; das Fass, die Fässer (나무) 술통; der Apfelsaft 사과 주스 (der Apfel + der Saft); bringen [동] 가지고 오다; das Getränk, die Getränke 마실 것, 음료; auswählen [동] 선택하다, das Schweineschnitzel 돼지 커틀릿 (das Schwein + das Schnitzel); der Salatteller 샐러드 요리 (der Salat + der Teller); verschieden [형] 다양한, 상이한; das Gemüse, die Gemüse 채소; frisch [형] 신선한; der Käse 치즈; kochen [동] 삶다, 요리하다; das Ei, die Eier 달걀; die Ampel, die Ampeln 신호등; blond [형] 금발의; das Haar, die Haare 머리카락

Landeskunde

1. 독일어권의 전통요리

독일어권에서는 슈니첼(Schnitzel), 소시지(Wurst), 그리고 레버캐제(Leberkäse) 요리 등을 즐겨 먹는다. 특히 오스트리아에서는 얇게 썬 돼지고기를 기름에 튀긴 비너 슈니첼(Wiener Schnitzel)이 유명하다.

2. 독일의 맥주

독일을 대표하는 알코올 음료는 맥주(Bier)다. 독일 맥주는 16세기 이후로 맥아, 호프, 물 이외에 어떤 첨가물의 사용도 금지한다는 '맥주순수령'을 지키고 있다. 현재 독일에는 약 5,000~6,000여 개 상표의 맥주가 시판되고 있으며, 전국적인 대표 상표는 없다. 사람들은 자기 고장의 양조장에서 나름대로의 비법으로 맛을 낸 맥주를 즐긴다. 맥주의 도시인 뮌헨(München)에서는 9월

비너 슈니첼

소시지와 절인 양배추

레버캐제와 감자샐러드

뮌헨의 호프 브로이하우스

말에서 10월 초까지 2주일간 세계 최대의 맥주축제인 옥토버페스트(Oktoberfest)가 열린다. 매년 전 세계에서 600만 명의 관광객이 축제에 몰려와 수천만 리터의 맥주와 수만 개의 소시지를 소비한다고 한다. 이들은 뮌헨의 명물 바이스 비어와 돼지족발 요리 혹은 흰 소시지를 같이 즐긴다.

1. 형용사의 부가어적 사용: 어미변화

1) 정관사(류)-형용사-명사

	M.	F.	N.	Pl.
N.	der große Mann	die schöne Frau	das kleine Kind	die blonden Haare
G.	des -en Mannes	der -en Frau	des -en Kindes	der -en Haare
D.	dem -en Mann	der -en Frau	dem -en Kind	den -en Haaren
A.	den -en Mann	die -e Frau	das -e Kind	die -en Haare

» 복수 정관사 다음에 오는 모든 형용사에는 어미 -en이 붙는다:
die blonden Haare, der blonden Haare, den blonden Haaren

» 정관사류에 속하는 것: dieser, jener, mancher, welcher, solcher, jeder 등

2) 부정관사(류)-형용사-명사

	M.	F.	N.
N.	ein runder Tisch	eine kleine Flasche	ein helles Bier
G.	eines -en Tisches	einer -en Flasche	eines -en Bieres
D.	einem -en Tisch	einer -en Flasche	einem -en Bier
A.	einen -en Tisch	eine -e Flasche	ein -es Bier

» 부정관사류에 속하는 것: 소유대명사(mein, dein, sein, ihr, unser, euer, Ihr)와 kein. 이것들 다음에 오는 형용사는 부정관사와 같이 변한다.

» '부정관사류-형용사-복수명사'의 순서에서 부정관사류는 복수 정관사와 같이 변하고 형용사는 모든 격변화에서 어미 -en을 취한다: unsere kleinen Kinder,
keine schönen Frauen

» 복수명사 앞에는 부정관사가 올 수 없고, 형용사는 정관사 어미를 취한다.

3) 형용사-명사

	M.	F.	N.	Pl.
N.	großer Mann	schöne Frau	kleines Kind	kleine Kinder
G.	-en Mannes	-er Frau	-en Kindes	-er Kinder
D.	-em Mann	-er Frau	-em Kind	-en Kindern
A.	-en Mann	-e Frau	-es Kind	-e Kinder

» 형용사가 복수형 명사 앞에 단독으로 올 경우, 형용사는 복수 정관사 어미변화를 따른다. (예, verschiedene Gemüse)

2. 형용사의 명사화

	M.	F.	N.	Pl.
N.	der Reiche	die Arme	das Gute	die Reisenden
G.	des -en	der -en	des -en	der -en
D.	dem -en	der -en	dem -en	den -en
A.	den -en	die -e	das -e	die -en

» 명사화한 형용사는 첫 자를 대문자로 쓰고 형용사의 어미변화를 따른다. 남성, 여성, 복수의 경우는 사람을, 중성인 경우는 사물이나 개념을 가리킨다.

Übungen

Übung 1

1. Wegen des __________ Verkehrs kommt Julia später. (dicht)
2. Sie findet den __________ Tisch am Fenster sehr schön. (klein)
3. Ein __________ Bier für Sie und einen Apfelsaft für Sie. (hell)
4. Hana möchte ein __________ Glas Apfelsaft. (groß)
5. Die Frau mit den __________ Haaren ist Julia. (blond)

Übung 2

da, für, hier, klein, vom

1. ________ ist das Menü.
2. Einen Apfelsaft ________ Sie!
3. Ah, ________ kommt schon Julia!
4. Ich möchte gerne ein Glas Bier ________ Fass.
5. Julia ist jetzt neben dem ________ Kind.

Übung 3

1. A: ________ Personen sind Sie?
   B: Wir sind drei.
2. A: ________ Sie zuerst etwas trinken?
   B: Ja, gerne.
3. A: Wir sind drei Personen.
   B: ________ Sie mir bitte!
4. A: Helles oder ________ ?
   B: Ein helles, bitte!
5. A: Was ist denn in dem Salat?
   B: Verschiedene ________ Gemüse.

Übung 4

1. A: Wo ist sie denn?
   B: ________________________________ .
   (neben, sein, Ampel, die, sie)
2. A: Was möchten Sie trinken?
   B: ________________________________ .
   (möchten, ich, ein, Bier, gerne, hell)

3. A: ______________________________________ ?

(Sie, zu, ausgewählt, essen, haben, etwas)?

B: Ja, ich möchte gerne ein Schweineschnitzel.

Übung 5

1. Ich ________________________________. (ein, nehmen, Salatteller, gerne)
2. Später ______________________________. (kommen, noch, Kollegin, ein)
3. In dem Salat ______________________________________.
   (verschieden, frisch, und, sein, Gemüse, Käse, Sorte)
4. Nach ____.
   (paar, ein, Getränke, Minuten, bringen, Frau, die)
5. Hana und Minho ____________________________________.
   (gemeinsam, essen, Julia, wollen, im, mit, Restaurant)

세 명씩 짝을 지은 뒤, 아래 메뉴판을 보고 음식을 주문하고 계산하는 대화를 완성해 보시오.

Menü

— *Getränke*

Mineralwasser	*0,25 Liter*	*2,50 Euro*
Cola	*0,2 Liter*	*2,40 Euro*
Sprite	*0,2 Liter*	*1,80 Euro*
Orangensaft	*0,25 Liter*	*2,60 Euro*
Apfelsaft	*0,25 Liter*	*2,40 Euro*
Bier vom Fass	*0,3 Liter*	*2,80 Euro*
	0,5 Liter	*4,50 Euro*

— *Gerichte*

Schweineschnitzel	*15,80 Euro*
Rinderbraten	*18,50 Euro*
Rippensteak	*18,50 Euro*
Gegrillter Hähnchenschenkel	*12,50 Euro*
Wurstteller	*12,50 Euro*
Salatteller	*10,80 Euro*

A: Guten Abend! Möchten Sie zuerst etwas trinken?

B: Ja, ich möchte gerne _______________ .

A: Und was möchten Sie?

C: Ich möchte gerne _______________ .

Nach ein paar Minuten

A: _______________ für Sie und _______________ für Sie.

Haben Sie schon für das Essen etwas ausgewählt?

B: Ja, ich möchte gerne _______________ .

A: Und Sie?

C: Ich nehme _______________ .

A: Also, _______________ und _______________ .

Nach dem Essen

A: Hallo, wir möchten zahlen.

B: Ja, zusammen oder getrennt?

A: Zusammen bitte!

B: Das macht zusammen _______________ .

A: Hier sind _______________ .

Stimmt so.

B: Vielen Dank!

Lektion 17
Beim Arzt

Dialog

Als Hana am Morgen aufstand, fühlte sie sich krank. Sie hatte Fieber und Kopfschmerzen. Sie hustete auch. Deshalb geht sie zu ihrem Hausarzt.

Hana: Guten Morgen, Herr Doktor!

Arzt: Guten Morgen, Frau Park. Was fehlt Ihnen?

Hana: Ich fühle mich schwach. Ich habe Kopfschmerzen und huste.

Arzt: Haben Sie auch Fieber?

Hana: Ich glaube, ja. Ich weiß aber nicht, ob ich wirklich Fieber habe. Ich konnte es nicht messen, weil ich kein Fieberthermometer habe.

Arzt: (*Zur Arzthelferin*) Messen Sie doch bitte bei der Patientin die Temperatur!

Die Arzthelferin misst bei Hana die Körpertemperatur.

Arzt: Frau Park, Sie haben tatsächlich hohes Fieber, 38,8 °C. Machen Sie bitte den Mund weit auf! … Tja, es sieht nicht besonders gut aus. Seit wann haben Sie die Symptome?

Hana: Als ich heute Morgen aufgestanden bin, habe ich mich krank gefühlt. Gestern war alles in Ordnung.

Arzt: Sie sind erkältet. Machen Sie sich aber keine Sorgen! Ich verschreibe Ihnen Medikamente und in wenigen Tagen werden Sie wieder gesund sein. Vergessen Sie nur nicht, dass Sie heute das Bett nicht verlassen sollen!

Hana: O.K. Ich verstehe.

Artz: Ich wünsche Ihnen gute Besserung, Frau Park!

Hana: Vielen Dank! Auf Wiedersehen!

Arzt: Auf Wiedersehen!

Wörter und Phrasen

sich fühlen [동] 느끼다; krank [부] 아픈, 병든; aufstehen [동] 일어서다; das Fieber, die Fieber 열; der Kopf, die Köpfe 머리; der Schmerz, die Schmerzen 아픔, 통증; der Kopfschmerz 두통 (der Kopf + der Schmerz); husten [동] 기침하다; der Hausarzt 한 가족을 오랫동안 진찰해온 의사, 가정의 (das Haus + der Arzt); fehlen [동] …이 결여되어 있다, 없다; schwach [부] 약한; der Doktor, die Doktoren (남자) 박사, 의사; der Arzt, die Ärzte (남자) 의사; messen [동] 재다; das Fieberthermometer 체온계 (das Fieber + das Thermometer); die Arzthelferin 간호보조사; der Patient, die Patienten (남자) 환자; die Patientin, die Patientinnen (여자) 환자; die Temperatur, die Temperaturen 온도; der Körper, die Körper 몸; die Körpertemperatur 체온 (der Körper + die Temperatur); tatsächlich [부] 실제로, 진짜로; hoch [부] 높은; nämlich [부] 말하자면, 그러니까; aufmachen [동] 열다, 벌리다; der Mund, die Münder 입; seit [전/접] …이래로; das Symptom, die Symptome 증상, 징후; die Ordnung, die Ordnungen 질서, 정돈; erkältet [부] 감기에 걸린; die Sorge, die Sorgen 걱정, 근심; verschreiben [동] 처방하다; das Medikament, die Medikamente 약; wenig [부] 적게; wieder [부] 다시; vergessen [동] 잊어버리다; verlassen [동] 떠나다; wünschen [동] 바라다, 원하다; die Besserung 회복

Landeskunde

1. 독일에서 병원 찾기

독일에서는 병원이 큰 간판을 내걸고 영업을 하거나 광고를 할 수 없다. 일반 병원들은 보통 건물 현관문 옆에 진료 분야와 진료 시간만 적혀 있는 작은 명패만을 걸어놓고 있기 때문에 무작정 길을 나서서는 원하는 병원을 찾기가 쉽지 않다. 병원을 찾을 때에는 일반적으로 각 도시마다 있는 노란색 전화번호부를 이용한다. 업종별로 전화번호가 기재되어 있으며, 주소도 나와 있으므로 근처에 있는 병원을 쉽게 찾을 수 있다. 인터넷을 이용하여 검색하는 것도 좋은 방법이다.

병원이 있는 건물에 붙어 있는 명패

2. 독일에서 병원 이용하기

예약 없이 병원을 방문하면 진료를 받기까지 매우 오래 기다려야 한다. 전화로 미리 예약을 하고 가면 비교적 빠르게 진료를 받을 수 있다. 또 반나절만 진료를 보는 병원도 많으므로 진료시간을 미리 알아보아야 한다.

Grammatik

부문장

부문장은 주문장을 보완해주는 종속절이며, 내용상 불완전하기 때문에 단독으로는 쓰일 수 없다. 부문장은 dass, ob, weil, wenn, als 등의 종속접속사에 의해 만들어진다. 부문장에서 동사는 맨 뒤에 위치한다.

1) dass-부문장

종속접속사 dass는 주어나 목적어로 사용되는 부문장을 만든다.

Dass du wegfährst, macht mich traurig. (주어)
Es macht mich traurig, ***dass** du wegfährst*. (주어)

» dass-부문장이 주어로 사용되는 경우 dass-부문장은 문장의 끝으로 옮겨갈 수 있으며, 이때 원래 주어의 위치에는 가주어 es가 위치하게 된다.

Vergessen Sie nur nicht, ***dass** Sie heute das Bett nicht verlassen sollen*! (목적어)
Er dankte seinen Freunden *dafür, **dass** sie zu seiner Geburtstagsparty gekommen waren*. (전치사 für의 목적어)
Ich freue mich *darüber, **dass** du wieder da bist*. (전치사 über의 목적어)

» dass-부문장이 전치사의 목적어로 사용되는 경우 dass-부문장은 문장의 끝에 위치하며, 전치사 앞에는 da(r)-가 붙게 된다.

2) ob-부문장

종속접속사 ob은 간접의문문을 만든다.

Ob du mich liebst, ist zweifelhaft. (주어)
Ich weiß aber nicht, ***ob** ich wirklich Fieber habe*. (목적어)

3) als-부문장

종속접속사 als는 과거의 일회적인 사건이 있었던 때를 나타내는 부문장을 만든다.

Sie war sehr beschäftigt, ***als** ich sie besuchte.*
Als Hana am Morgen aufstand, fühlte sie sich krank.

» 부문장은 주문장의 앞에 위치할 수도 있으며, 이때 주문장의 주어와 동사는 도치된다.

4) wenn-부문장

종속접속사 wenn은 현재나 미래의 사건이 벌어지는 때, 혹은 조건을 나타내는 부문장을 만든다.

Ich rufe dich an, ***wenn** ich zurückkomme.*
***Wenn** wir zu Fuß gehen*, erreichen wir die Uni in einer halben Stunde.
Gehen** wir zu **Fuß, erreichen wir die Uni in einer halben Stunde.

» wenn-부문장이 조건을 나타내는 경우 wenn은 생략될 수 있다. wenn이 생략되면 부문장의 동사는 부문장의 제일 앞에 위치하게 된다.

5) während-부문장

종속접속사 während가 들어가는 부문장은 주문장의 사건과 동시에 일어나거나 대비되는 사건을 나타낸다.

Er sah fern, ***während*** *seine Frau eine Zeitung las.*

Während *der Bürgermeister für den Bau eines neuen Bahnhofs war*, waren die meisten Bürger dagegen.

6) nachdem-부문장

종속접속사 nachdem은 주문장의 사건보다 시간적으로 앞서 벌어진 사건을 나타내는 부문장을 만든다. 따라서 nachdem-부문장의 시제는 주문장의 시제보다 앞선다.

Nachdem *sie gegessen haben*, gehen sie ins Kino.

Er hat wieder mit seiner Arbeit angefangen, ***nachdem*** *er von der Reise nach München zurückgekehrt war.*

7) weil-부문장

종속접속사 weil은 이유를 나타내는 부문장을 만든다.

Hana geht zum Arzt, ***weil*** *sie erkältet ist.*

Weil *seine Frau erkältet war*, kam er allein.

Er kam allein. ***Denn*** *seine Frau war erkältet.*

» 접속사 denn은 weil과 마찬가지로 이유를 나타내지만, 부문장이 아니라 주문장을 만든다.

8) obwohl-부문장

종속접속사 obwohl은 양보의 의미를 나타내는 부문장을 만든다.

Sie ging nicht zum Arzt, ***obwohl*** *sie erkältet war.*

Obwohl *er sehr müde war*, arbeitete er weiter.

Übungen

Übung 1

als, dass, nachdem, obwohl, während, weil

1. Der Arzt war nicht da, __________ er ihn gestern besuchte.
2. _________ sie kein Fieberthermometer hatte, konnte sie das Fieber nicht messen.
3. _________ sie hohes Fieber hatte, arbeitete sie fleißig weiter.
4. Hast du schon vergessen, __________ du das Bett nicht verlassen solltest?
5. _________ er das Buch fertig gelesen hatte, hat er es seinem Freund zurückgegeben.
6. _________ der Arzt die Patientin untersuchte, brachte die Arzthelferin ein Fieberthermometer.
7. Ich freue mich darüber, __________ du wieder ganz gesund bist.

Übung 2

1. A: Was _________ Ihnen?
   B: Ich fühle mich schwach.
2. A: Haben Sie auch __________ ?
   B: Ich glaube, ja. Aber ich konnte es nicht messen.
3. A: Seit wann haben Sie die __________ ?
   B: Als ich heute Morgen aufgestanden bin, habe ich mich krank gefühlt.
4. A: Vergessen Sie nur nicht, dass Sie heute das Bett nicht verlassen sollen!
   B: O.K. Ich __________ .
5. A: Ich wünsche Ihnen gute __________ , Frau Park!
   B: Vielen Dank! Auf Wiedersehen!

Übung 3

1. Ich weiß, ____________________________ . (er, dass, kommen, pünktlich)
2. Er kann nicht kommen, ________________________ . (er, sein, weil, schwer, krank)

3. Hana ging zum Arzt, ______________________ . (sie, sein, krank, als)

4. Ich weiß nicht, ______________________ . (ich, ob, haben, Fieber, wirklich)

5. Ich rufe dich an, ______________________ . (er, sein, wenn, wieder, da)

6. Er hat eine Tasse Kaffee getrunken, ____________________________________ .
(er, nachdem, essen, haben, mit seinen Freunden)

7. Sie ging zur Uni, ______________________ . (sie, sein, obwohl, erkältet)

Übung 4

Ich hatte ein schönes Fahrrad, als ich ein Kind war. → Als ich ein Kind war, hatte ich ein schönes Fahrrad.

1. Er muss schnell seine Wohnung aufräumen, weil seine Eltern heute kommen.
→ ____

2. Ich kann kaum glauben, dass das neue Semester schon beginnt.
→ ____

3. Sie hat Milchkaffee getrunken, nachdem sie gegessen hatte.
→ ____

4. Sie tanzte, während die anderen sangen.
→ ____

5. Er war gestern nur im Bett, weil er sich sehr krank fühlte.
→ ____

6. Ich bin noch in der U-Bahn gewesen, als du mich angerufen hast.
→ ____

7. Bring bitte eine Flasche Wein mit, wenn du heute Abend zur Party kommst.
→ ____

Übung 5

> Sie ging zum Arzt. Sie hatte Kopfschmerzen.
> → Sie ging zum Arzt, weil sie Kopfschmerzen hatte.

1. Minho lernt Deutsch. Er will im Sommer nach Deutschland fliegen.

   → ______________________________

2. Die Mutter bestellte Spaghetti für ihren Sohn. Sie wollte eigentlich Pizza essen.

   → ______________________________

3. Hana hat weiter gearbeitet. Die anderen Studenten haben eine Pause gemacht.

   → ______________________________

4. Sie war damit sehr zufrieden. Sie hat bei der letzten Prüfung die Note 1.0 bekommen.

   → ______________________________

5. Ihre Freunde waren schon weg. Sie kam zum Café.

   → ______________________________

6. Sie trinkt Cola. Ihre Kommilitonen trinken Bier.

   → ______________________________

7. Sie bestellt immer Spaghetti. Sie isst in diesem Restaurant.

   → ______________________________

Aktivitäten

1. 보기처럼 dass 혹은 ob으로 시작되는 부문장을 만드시오.

보기

> Ich glaube, (du, dumm, sein).
> → Ich glaube, dass du dumm bist.

Ich freue mich, (du, kommen).

→ ______________________________

Ich glaube, (ich, krank, sein).

→ ______________________________

Ich weiß, (es, dir, in, Rom, gefallen).

→ ______________________________

Ich träume, (ich, nach, Italien, reisen).

→ ______________________________

Ich denke, (ich, nach, Hause, gehen).

→ ______________________________

Sie weiß nicht, (er, sie, lieben).

→ ______________________________

Peter fragt Claudia, (sie, glücklich, sein).

→ ______________________________

Der Mann weiß nicht, (sie, Kimchi, mögen).

→ ______________________________

2. 다른 학생과 짝을 이루어 다음의 예문과 주제에 대해 보기처럼 대화를 나누시오. 답을 할 때에는 dass- 부문장을 사용하시오.

보기

A: Was hältst du von …?

A: Magst du …?

A: Hast du … gern?

B: Ich glaube, dass es/er/sie dumm ist.

B: Ich meine, dass es/er/sie schlecht ist.

B: Ich denke, dass es/er/sie super ist!

• das Wetter heute
• der Lehrer
• Kim Yuna

• super, toll, prima, wunderbar, fantastisch, ausgezeichnet, gut
• dumm, doof, blöd, idiotisch

- Kimchi
- Sport
- Fernsehdramen
- Horrorfilme
- Ipad

- schlecht, schlimm, böse
- kreativ, interessant, faszinierend
- langweilig, monoton
- …
- …

Lektion 18
Wiederholungen

Grammatikübungen

Übung 1

1. A: Warum geht Minho zur Bank?
   B: __________ er ein Konto eröffnen möchte.
2. A: Wann braucht man ein Girokonto?
   B: __________ man Geld überweisen möchte.
3. A: __________ lernt Minho Deutsch?
   B: Weil er in Deutschland weiter studieren möchte.
4. A: __________ kann Hana nach Hause gehen?
   B: Wenn sie alles fertig ist.
5. A: __________ gehst du heute nicht zur Uni?
   B: __________ ich heute keinen Unterricht habe.

Übung 2

1. A: __________ mir bitte! (helfen)
   B: Ja, gerne. Was ist mit dir los?
2. A: Wie kann ich die Tür öffnen?
   B: Mit dieser Karte natürlich. _________ mal sie dort _________ ! (einstecken)
3. A: Kannst du es mal mit meiner Karte versuchen?
   B: Ja, _________ mir mal deine Karte! (geben)

4. A: Wo muss ich anhalten?

   B: __________ mal hier___! (anhalten)

5. A: Wir sagen die Wahrheit.

   B: Das kann ich nicht glauben. __________ mal bitte die Wahrheit! (sagen)

Übung 3

kommen, lernen, reisen, sein, werden

1. A: Wo haben Sie Deutsch __________ ?

   B: Ich habe an der Universität _________ .

2. A: Wann _________ Sisi nach Österreich?

   B: Sie __________ 1854 nach Österreich.

3. A: Wann _________ Albert Einstein geboren?

   B: Er __________ am 14. März 1879 geboren.

4. A: Wann sind Sie nach Deutschland __________ ?

   B: Ich bin vor einem Jahr _________ .

5. A: Wer _________ der Kanzler der Wiedervereinigung?

   B: Das _________ Helmut Kohl.

Übung 4

groß, klein, lang, rund, verschieden

1. A: Was möchten Sie trinken?

   B: Ich möchte eine __________ Flasche Wasser.

2. A: Was ist auf dem Wurstteller?

   B: __________ Würste und Sauerkraut.

3. A: Wer ist die Frau mit den _________ Haaren dort?

   B: Sie ist Julia.

4. A: Wo sitzt Julia?

   B: Sie sitzt neben dem _________ Kind.

5. A: Wie finden sie diesen __________ Tisch hier?
   B: Sehr schön.

Übung 5

als, dass, nachdem, ob, während

1. A: Wann gehen sie ins Kino?
   B: __________ sie gegessen haben, gehen sie ins Kino.
2. A: Wann sah er fern?
   B: __________ seine Frau eine Zeitung las, sah er fern.
3. A: Wann war sie sehr beschäftigt?
   B: __________ ich sie besuchte, war sie sehr beschäftigt.
4. A: Was macht dich traurig?
   B: __________ du wegfährst, macht mich traurig.
5. A: Was ist denn zweifelhaft?
   B: __________ du mich liebst, ist zweifelhaft.

Wortschatzübungen

Übung 1

Formular, Glas, Konto, Schloss, Sorge

1. Sie haben jetzt zwei __________ .
2. Machen Sie sich aber keine __________ !
3. Ich möchte gerne ein __________ Bier.
4. Füllen Sie bitte dieses __________ aus!
5. Ihre Familie verbrachte den Sommer in einem __________ .

Übung 2

auswählen, besuchen, bleiben, einzahlen, messen

1. Die Kaiserin Elisabeth __________ keine Schulen.
2. Haben Sie schon etwas zu essen _________ ?
3. Hana und Julia wollen in Wien drei Tage __________ .
4. _________ Sie bitte bei der Patientin die Temperatur!
5. Ich möchte die Hälfte des Betrags auf das Girokonto _________ .

Übung 3

an, auf, außer, mit, zu

1. Sie geht nun _________ ihrem Hausarzt.
2. Wir nehmen lieber das Zimmer _________ Bad.
3. Haben Sie einen Platz _________ dem Fenster frei?
4. Der Unterricht fand jeden Tag _________ Sonntag statt.
5. Ich möchte das Geld __________ dem Sparkonto anlegen.

Übung 4

enthalten, gesund, glücklich, schwach, später

1. Ich fühle mich _________ .
2. Das Frühstück ist im Preis __________ .
3. Die Kaiserin war in Wien nicht __________ .
4. Wegen des dichten Verkehrs kommt Julia __________ .
5. In wenigen Tagen werden Sie wieder __________ .

Übung 5

bestimmt, gerne, mehr, tatsächlich, vielleicht

1. Sie haben ________ hohes Fieber.
2. Die Karte hat _________ einen Fehler.
3. Sie können dann _________ Zinsen bekommen.
4. Ich möchte _________ ein Schweineschnitzel.
5. Das Leben als Kaiserin hat ihr ________ nicht gefallen.

Fragen zum Text

Hana und Julia essen gemeinsam im Restaurant. Am Fenster ist noch ein Tisch frei. Sie finden diese Plätze sehr schön und setzen sich. Sie möchten zuerst etwas trinken. Julia bestellt eine Flasche Mineralwasser. Hana bestellt ein Glas Bier vom Fass, weil das Bier in diesem Restaurant sehr bekannt ist. Das möchte sie unbedingt einmal probieren.
Nach ein paar Minuten bekommen die beiden die Getränke. Inzwischen haben sie schon die Hauptgerichte ausgewählt. Hana möchte einen Wurstteller probieren und Julia bestellt wie immer einen Salatteller.

1. Was machen Hana und Julia?
2. Wo sitzen die beiden?
3. Wofür ist dieses Restaurant bekannt?
4. Welches Getränk hat Julia bestellt?
5. Welches Hauptgericht hat Hana ausgewählt?

Wörter und Phrasen

bestellen [동] 주문하다 ; das Mineralwasser 미네랄워터, 광천수 (das Mineral + das Wasser); probieren [동] 맛보다; das Hauptgericht 주 메뉴 (das Haupt + das Gericht); der Wurstteller 모둠소시지 (die Wurst + der Teller)

Lektion 19
Im Kaufhaus

Dialog

Julia hat morgen Geburtstag. Sie hat Hana zu ihrer Geburtstagsfeier eingeladen. Hana geht in ein Kaufhaus, um ein Geschenk zu kaufen. Sie hat vor, einen Pullover zu kaufen. Denn sie hat vor wenigen Tagen gehört, dass Julia einen neuen Pullover braucht.

Verkäufer: Guten Tag! Kann ich Ihnen helfen?
Hana: Guten Tag! Wo muss ich hingehen, um einen Pullover zu kaufen?
Verkäufer: Gehen Sie bitte in die erste Etage. Dort finden Sie die Damenmode-Abteilung.
Hana: Danke schön!
Verkäufer: Bitte schön!

Hana geht zur Damenmode-Abteilung.

Hana: Guten Tag! Ich suche einen Pullover.
Verkäuferin: Hier haben wir Pullover in verschiedenen Farben. Welche Farbe möchten Sie?
Hana: Es gibt so viele verschiedene Farben, dass eine Auswahl sehr schwierig ist. Ach ja! Der rote Pullover da gefällt mir gut.
Verkäuferin: Meinen Sie diesen?
Hana: Ja, genau. Er sieht aber ein bisschen groß aus. Haben Sie vielleicht einen kleineren?

Verkäuferin:	Nein, leider nicht. Wir haben zur Zeit nur Größe XL. Was halten Sie aber von diesem orangenfarbenen?
Hana:	Ja, er sieht auch sehr gut aus. Haben Sie den in Größe M?
Verkäuferin:	Ja, hier bitte.
Hana:	Und wie viel kostet der?
Verkäuferin:	Der ist nicht teuer. Er kostet 24,99 Euro. Einen so guten Pullover zu diesem Preis zu kaufen, ist anderswo nicht möglich. Es ist nämlich ein Sonderangebot.
Hana:	Ja, es ist wirklich günstig. Ich nehme ihn.
Verkäuferin:	Möchten Sie noch etwas?
Hana:	Nein, das war alles. Wo kann ich ihn bezahlen?
Verkäuferin:	Da drüben ist die Kasse. Sehen Sie?
Hana:	Ja, ich sehe sie. Vielen Dank!
Verkäuferin:	Bitte schön! Auf Wiedersehen!
Hana:	Auf Wiedersehen!

Wörter und Phrasen

der Geburtstag 생일; die Geburtstagsfeier 생일파티 (der Geburtstag + die Feier); einladen [동] 초대하다; das Kaufhaus 백화점; das Geschenk, die Geschenke 선물; vorhaben [동] 계획하다; der Pullover, die Pullover 스웨터; die Etage, die Etagen 층; die Damenmode-Abteilung 여성복 코너; verschieden [부] 다른, 다양한; die Auswahl 선택; die Größe 크기; der Preis, die Preise 가격; anderswo [부] 다른 곳에서; das Sonderangebot 특별(할인)상품; die Kasse, die Kassen 계산대

Landeskunde

독일의 백화점 체인 카슈타트와 베를린의 고급 백화점 카데베

독일의 많은 도시에서 가장 쉽게 찾아볼 수 있는 백화점은 카슈타트(Karstadt)이다. 카슈타트는 1881년에 설립된 대중적인 백화점 체인으로서 독일 전역에 80개가 넘는 백화점과 30여 개의 스포츠용품 백화점을 가지고 있다. 카슈타트는 또한 베를린에 있는 백화점 카데베(KaDeWe = Kaufhaus des Westens)를 소유하고 있다. 카데베는 독일에서 가장 큰 백화점이자, 유럽에서 두

독일에서 가장 큰 백화점 카데베

번째로 큰, 대표적인 고급 백화점이다. 이 백화점에서는 다른 백화점에서는 볼 수 없는 호화로운 상품들을 찾아볼 수 있다.

Grammatik

1. 부문장과 부정사구

1) dass-부문장에서 부정사구를 유도하는 경우

접속사 dass와 주어를 생략하고 정동사를 zu + 부정형의 형태로 만들어준다. 이때 원래 부문장의 나머지 구성요소들은 원래의 어순대로 zu 앞에 위치한다.

- dass-부문장이 목적어인 경우

—주문장의 주어와 부문장의 주어가 일치하는 경우

Minho verspricht, ***dass*** *er vorsichtig fährt.*

→ Minho verspricht, *vorsichtig* ***zu*** *fahren.*

—주문장의 목적어와 부문장의 주어가 일치하는 경우

Hana bittet Julia, ***dass*** *sie zu ihrer Geburtstagsfeier kommt.*

→ Hana bittet Julia, zu *ihrer Geburtstagsfeier* ***zu*** *kommen.*

• dass-부문장이 주어인 경우

***Dass** man einen so guten Pullover zu dem Preis kauft*, ist nicht möglich.

→ *Einen so guten Pullover zu dem Preis **zu** kaufen*, ist nicht möglich.

» dass-부문장의 주어가 man과 같은 일반적인 사람을 나타내는 경우 부정사 구문을 사용한다.

Es ist nicht möglich, ***dass** man einen so guten Pullover zu dem Preis kauft.*

→ Es ist nicht möglich, *einen so guten Pullover zu dem Preis **zu** kaufen.*

» dass-부문장이나 zu-부정사 구문이 주어로 사용되는 경우, 일반적으로 가주어 es를 주어 위치에 두고 dass-부문장이나 zu-부정사 구문은 주문장의 뒤에 둔다.

» zu-부정사 구문을 만들 때 동사가 분리동사이면 zu는 분리전철과 동사의 어간 사이에 들어가며, 모두 붙여 쓴다. (예, Es ist schwierig, eine Farbe auszuwählen.)

2) damit-부문장과 um ··· zu-부정사 구문

• damit은 부문장을 이끄는 종속접속사로서 목적을 나타낸다.

Sie müssen Deutsch lernen, ***damit** sie die Prüfung bestehen.*

***Damit** sie die Prüfung bestehen*, müssen sie Deutsch lernen.

• 주문장의 주어와 damit-부문장의 주어가 일치하는 경우, damit-부문장은 um ··· zu-부정사 구문으로 바꿀 수 있다. 이때 주어는 생략되며, 부문장의 동사는 zu + 동사원형의 형태로 바뀐다. 주어를 제외한 나머지 문장 구성요소들은 um과 zu 사이에 원래의 어순대로 위치한다.

Sie müssen Deutsch lernen, ***damit** sie die Prüfung bestehen.*

→ Sie müssen Deutsch lernen, ***um** die Prüfung **zu** bestehen.*

2. 결과의 부문장: ··· so ···, dass ···

부사 so 다음에 dass-부문장이 오면, 이 부문장은 결과를 나타낸다.

Es gibt ***so*** viele verschiedene Farben, ***dass** eine Auswahl schwierig ist.*

= ***Weil** es sehr viele verschiedene Farben gibt*, ist eine Auswahl schwierig.

Sie war ***so*** krank, ***dass*** *sie das Bett nicht verlassen konnte.*

= ***Weil*** *sie sehr krank war*, konnte sie das Bett nicht verlassen.

Übungen

Übung 1

Minho verspricht, *dass* er vorsichtig fährt. → Minho verspricht, vorsichtig *zu* fahren.

1. Sie glaubt, dass sie ein richtiges Geschenk gefunden hat.

   → ______________________________

2. Er bittet seine Freundin, dass sie zu seiner Geburtstagsfeier kommt.

   → ______________________________

3. Sie verbietet ihrem Sohn, dass er die Tür öffnet.

   → ______________________________

Übung 2

Sie müssen Deutsch lernen, *damit* sie die Prüfung bestehen. → Sie müssen Deutsch lernen, *um* die Prüfung *zu* bestehen.

1. Julia hat einen Computer gekauft, damit sie auch zuhause arbeiten kann.

   → ______________________________

2. Hana arbeitet fleißig, damit sie die Prüfung bestehen kann.

   → ______________________________

3. Julia geht zur Kasse, damit sie zahlen kann.

   → ______________________________

4. Er geht zum Park, damit er ruhig spazieren kann.

   → ______________________________

Übung 3

Der Pullover war sehr schön. Ich habe ihn sofort gekauft.
→ Der Pullover war *so* schön, *dass* ich ihn sofort gekauft habe.

1. Ich war sehr müde. Ich bin früh ins Bett gegangen.
   → ______________________________

2. Das Buch war sehr dick. Er konnte es nicht bis zum Ende lesen.
   → ______________________________

3. Sein Brief war sehr kurz. Seine Freundin war enttäuscht.
   → ______________________________

4. Er ist ein sehr berühmter Fußballspieler. Jeder kennt seinen Namen in Deutschland.
   → ______________________________

5. Es war gestern sehr kalt. Alle Kinder haben sich warm angezogen.
   → ______________________________

6. Er ist ein sehr netter Kerl. Alle mögen ihn.
   → ______________________________

Aktivitäten

보기를 참고하여 보기의 주제에 대해 대화를 나누시오. 답을 할 때에는 damit-부문장이나 um … zu-부정사 구문을 사용하시오.

보기

A: Warum gehst du zu …?	B: Ich gehe zu …, damit …
	oder
	B: Ich gehe zu …, um … zu …

- dem Kaufhaus
- dem Lehrer
- der Apotheke
- dem Restaurant
- dem Immatrikulationsbüro
- dem Wohnzimmer
- ...

- ein Geschenk kaufen
- eine Frage stellen
- Aspirin kaufen
- essen können
- sich einschreiben
- fernsehen
- ...

Lektion 20
Eine Geburtstagsfeier

Dialog

Julia hat heute Geburtstag. Sie macht in ihrer Wohnung eine Geburtstagsfeier. Hana, die sie auch zur Feier eingeladen hat, kommt mit einem Geschenk. Die beiden unterhalten sich im Flur.

Julia: Hallo, Hana!
Hana: Hallo, Julia! Herzlichen Glückwunsch zum Geburtstag!
Julia: Vielen Dank!
Hana: Ich habe ein Geschenk für dich. Ich hoffe, dass es dir gefällt.
Julia: Danke, wie lieb von dir! Soll ich es gleich aufmachen?
Hana: Ja, aber natürlich!
Julia: Oh, das ist ja genau der Pullover, den ich mir kaufen wollte!
Hana: Wirklich?
Julia: Ja, ich habe ihn vor ein paar Tagen zufällig in einem Kaufhaus gesehen, das in der Nähe von der Uni liegt.
Hana: Echt? Da habe ich ihn auch gekauft!
Julia: Ich wollte ihn mir zwar sofort kaufen. Ich konnte aber nicht, weil ich kein Geld dabei hatte. Vielen Dank, Hana!
Hana: Es freut mich, dass es dir gefällt.

Julia führt Hana ins Wohnzimmer.

Hana: Sind die anderen noch nicht da?

Julia: Nein. Sie werden aber gleich kommen.

Hana: Wer wird kommen?

Julia: Peter, Minho und Klara.

Hana: Wer ist Klara?

Julia: Klara ist die Jurastudentin, die ich neulich in einem Seminar kennen gelernt habe.

Hana: Das blonde Mädchen, mit dem wir uns am letzten Freitag in der Mensa kurz unterhalten haben?

Julia: Ja, genau! Das war sie. Später kommen dann noch meine alten Freundinnen aus Augsburg, die du noch nicht kennst.

Hana: Ich freue mich darauf, sie kennen zu lernen.

Julia: Komm! Setz dich! Wir haben heute nicht nur Bier, sondern auch Wein!

Wörter und Phrasen

die Feier, die Feiern 축제, 파티; mitbringen [동] 가져오다; öffnen [동] 열다; zufällig [부] 우연히; Nähe 근처, 가까운 곳; echt [부] 정말로, 진짜로; führen [동] 데리고 가다, 이끌다; das Wohnzimmer 거실; die Blondine, die Blondinen 금발의 여인; genau [부] 정확하게; später [부] 뒤에, 더 늦게; wohl [부] 아마도, 편안한

Landeskunde

저녁식사나 파티에 초대를 받았을 때

독일에서 저녁식사나 파티에 초대를 받았을 때 빈손으로 가는 것은 예의가 아니다. 그렇다고 비싼 선물을 들고 가야 하는 것은 아니며, 꽃이나 와인을 한 병 선물로 가져가는 것이 일반적이다. 식사를 할 때는 자신의 접시에 담긴 음식을 깨끗하게 다 먹어주는 것이 예의이다. 음식 맛을 칭찬하고 싶을 때는 "Es schmeckt gut!", 혹은 "Lecker!" 등의 표현을 이용한다. 디저트로 포도가 나오면 주의하자! 독일인들은 포도의 씨를 뱉지 않고 그대로 씹어 삼킨다!

1. 관계대명사와 관계문

Hana, ***die** Julia zu ihrer Geburtstagsfeier eingeladen hat*, kommt mit einem Geschenk.

» 관계대명사는 선행사의 뒤에서 선행사를 수식해주는 관계문을 이끈다.
» 관계대명사의 성과 수는 선행사에 의해 결정되며, 관계대명사의 격은 관계문장 내에서 관계대명사가 갖는 문법적 성격에 의해 결정된다.
» 관계문은 부문장이므로 관계문 내에서 동사는 제일 뒤에 위치한다.

• 성, 수, 격변화에 따른 관계대명사의 형태

	M.	N.	F.	Pl.
N.	der	das	die	die
G.	dessen	dessen	deren	deren
D.	dem	dem	der	denen
A.	den	das	die	die

» 관계대명사는 단수 2격 및 복수 2, 3격을 제외하고는 정관사와 동일하다.

Ich habe *den Pullover* gekauft. **Der Pullover** gefiel mir am besten.
→ Ich kaufte *den Pullover*, ***der** mir am besten gefiel*. (1격)
Sie hat *einen Pullover* gefunden. Die Farbe **des Pullovers** war grün.
→ Sie fand *einen Pullover*, ***dessen** Farbe grün war*. (2격)
Er kennt *die Frau*. Der Pullover gehört **der Frau**.
→ Er kennt *die Frau*, ***der** der Pullover gehört*. (3격)
Sie unterhält sich mit *der Frau*. Sie hat ***die*** **Frau** gestern kennen gelernt.
→ Sie unterhält sich mit *der Frau*, ***die** sie gestern kennen gelernt hat*. (4격)

Das ist das blonde Mädchen. Wir haben uns gestern **mit dem** blonden Mädchen in der Mensa kurz unterhalten.

→ Das ist das blonde Mädchen, ***mit dem*** *wir uns gestern in der Mensa kurz unterhalten haben.*

» 관계대명사가 관계문 내에서 전치사의 목적어인 경우, 전치사는 관계대명사의 앞에 써준다.

2. 복합접속사 nicht nur …, sondern auch …

Wir trinken heute Wein. Wir spielen auch Musik.

→ Wir trinken heute *nicht nur* Wein, *sondern* spielen auch Musik.

» 병렬접속사 sondern-문장에서는 주어가 생략된다.

Wir trinken heute Wein. Wir trinken auch Bier.

→ Wir trinken heute *nicht nur* Wein, *sondern auch* Bier.

» 병렬접속사 sondern-문장의 정동사가 선행 문장의 동사와 같으면 동사 역시 생략된다.

Übungen

Übung 1

Wer ist das Mädchen, …?

a) das du angerufen hast

b) das da laut spricht

c) dem du das Buch geschenkt hast

1. Gestern habe ich mit meinem Kollegen gegessen, ….

   a) ________ morgen in die USA fliegt

b) ________ du einmal ein Buch geschenkt hast

c) ________ du heute Abend auch kennen lernen wirst

2. Meine Nachbarin, ···, ist umgezogen.

a) ________ immer mir geholfen hat

b) ________ ich gern geholfen habe

c) ________ ich letzte Weihnachten ein kleines Geschenk gegeben habe

3. Das Buch ···, ist verloren gegangen.

a) ________ ich in der letzten Woche gekauft habe

b) ________ ich für die Prüfung unbedingt brauche

c) ________ sehr viel kostete

4. Kennst du den Mann, ···?

a) ________ da mit dem Fahrrad fährt

b) ________ gerade ein Kind einen Brief gibt

c) ________ ich eben begrüßt habe

5. Ich stelle dir meine Freunde vor, ···.

a) ________ gestern in München angekommen sind

b) ________ ich immer vertrauen kann

c) ________ ich lange vermisst habe

Übung 2

Ich kaufe den Pullover. Der Pullover gefällt meiner Freundin sehr gut. → Ich kaufe den Pullover, der meiner Feundin sehr gut gefällt.

1. Meine Freundin schenkte mir das Buch. Ich wollte das Buch kaufen.

→ ____

2. Sie ist die Verkäuferin. Die Verkäuferin hat mir geholfen.

→ ____

3. Sie kennt den Mann. Der Koffer gehört dem Mann.

→ ____

4. Die Frau kennt den Weg. Die Frau sitzt auf der Bank.

→ ____

5. Julia wartet auf ihren Vater. Ihr Vater kommt aus Berlin.

→ ____

6. Der Mann hat mich nicht verstanden. Ich habe den Mann nach dem Weg gefragt.

→ ____

7. Sie ist die Frau. Herr Schmidt hat gestern mit der Frau zusammen gegessen.

→ ____

8. Er hat das Auto im letzten Jahr verkauft. Er ist mit dem Auto oft nach Italien gefahren.

→ ____

9. Ich gehe oft zur Stadtbibliothek. Die Lesesäle der Stadtbibliothek sind sehr groß.

→ ____

Übung 3 nicht nur ···, sondern auch ··· 구문을 이용하여 질문에 답하시오.

Trinken wir heute nur Bier? (Wein) → Nein, wir trinken heute nicht nur Bier, sondern auch Wein.

1. Kaufen wir nur Zwiebeln? (Kartoffeln)

→ ________________________________

2. Liest du nur Goethe? (Schiller)

→ ________________________________

3. Ist das Kind klug? (brav)

→ ________________________________

4. Reist du nur in Deutschland? (Frankreich)

→ ________________________________

Aktivitäten

다른 학생과 짝을 이루어 주어진 어휘를 사용하여 보기처럼 대화를 나누시오. 대답을 할 때에는 관계대명사를 사용하시오.

보기

> Klara / Jurastudentin — Ich habe Klara in einem Seminar kennen gelernt.
> → A: Wer ist Klara?
> B: Sie ist die Jurastudentin, die ich in einem Seminar kennen gelernt habe.

1) Heidi / kleines Mädchen — Heidi lebt mit ihrem Großvater in einer Hütte in den Alpen.

2) Michael Schumacher / Rennfahrer — Viele Menschen halten Michael Schmacher für die lebende Legende der Formel 1.

3) Frau Jung / berühmte Köchin — Frau Jung hat mit ihrer koreanischen Küche in Berlin großen Erfolg gehabt.

4) Franz Kafka / berühmter Schriftsteller — Franz Kafka hat <Die Verwandlung> geschrieben.

5) Herr Peter Schneider / Professor — Ich möchte mit Herrn Peter Schneider über meine Hausarbeit sprechen.

Lektion 21
Ein Telefongespräch

Dialog

Minho hat vor, am kommenden Wochenende mit seinem Freund Florian nach Obersdorf in die Alpen zu fahren. Er sucht eine günstige Übernachtungsmöglichkeit im Internet und findet ein Hotel, das von vielen Leuten empfohlen wurde. Er ruft nun ein Hotel an, um ein Zimmer zu reservieren.

Angestellter: Hotel Blaues Haus, guten Tag!

Minho: Guten Tag! Ich möchte für nächstes Wochenende ein Doppelzimmer reservieren. Haben Sie noch Zimmer frei?

Angestellter: Warten Sie bitte einen kleinen Moment! … Ja, für diese Zeit haben wir noch Zimmer frei.

Minho: Wunderbar! Können Sie mir sagen, wie viel ein Doppelzimmer pro Nacht kostet?

Angestellter: Ja, gern. Ein Doppelzimmer mit Frühstück kostet 57 Euro. Und ein Doppelzimmer mit Halbpension kostet 72 Euro.

Minho: Und ich möchte noch gerne wissen, ob es im Zimmer einen Internetanschluss gibt.

Angestellter: Bei uns wird ein kostenfreier Internetzugang in jedem Zimmer angeboten.

Minho: Schön! Ich möchte dann gleich ein Doppelzimmer mit Frühstück reservieren.

Angestellter: Ja, gern. Sie wollen also ein Doppelzimmer mit Frühstück vom 28. 9. bis zum 29. 9. Wie ist Ihr Name, bitte?

Minho:	Mein Name ist Park.
Angestellter:	O.K. Ein Doppelzimmer wurde für Sie auf den Namen Park reserviert.
Minho:	Können Sie mir die Reservierung per E-Mail bestätigen?
Angestellter:	Ja, natürlich. Wie ist denn Ihre E-Mail Adresse?
Minho:	Meine E-Mail Adresse ist minho1301@snu.ac.kr.
Angestellter:	O.K. Die Bestätigung wird in wenigen Minuten geschickt.
Minho:	Danke! Auf Wiederhören!
Angestellter:	Auf Wiederhören!

Wörter und Phrasen

das Wochenende 주말; die Alpen 알프스; günstig [부] (값이)적절한; die Übernachtungsmöglichkeit 숙박 (die Übernachtung + die Möglichkeit); empfehlen [동] 추천하다; wunderbar [부] 훌륭한, 놀라운; die Halbpension (호텔, 민박에서) 아침식사 외에 점심, 혹은 저녁식사 중 한 끼만 포함한 숙박; der Internetanschluss 인터넷 연결 (das Internet + der Anschluss); kostenfrei [부] 공짜로, 공짜의; anbieten [동] 제공하다; die Bestätigung 확인, 증명

Landeskunde

독일에서 저렴한 숙박시설 찾기

독일의 유스호스텔 (본)

독일을 여행하는 학생들은 보통 "유겐트헤어베르게(Jugendherberge)"라고 불리는 유스호스텔에서 묵는다. 유스호스텔이 처음 생겨난 곳이 독일인 만큼 많은 도시에서 쾌적한 시설을 갖춘 유스호스텔을 찾아볼 수 있다. 예약은 인터넷으로도 가능하다(http://www.jugendherberge.de). 그러나 대도시의 도심에 있는 유스호스텔들은 가격도 저렴하지 않고, 여행 성수기에는 예약도 쉽지 않다. 이런 경우 대도시 근교의 작은 도시에서 민박집을 이용해보는 것도 좋다. 보통 해당 도시의 공식 홈페이지에서 민박집의 정보를 확인해 볼 수 있다. 작은 도시의 민박집들은 보통 가족이 운영하는 소규모의 펜션으로 깔끔하고 잘 정돈된 방과 시골의 인심을 느낄 수 있는 경우가 많다.

Grammatik

1. 수동문

- 주어가 동사의 행위 주체가 아니라 행위의 대상이 되는 문장을 수동문이라고 한다.

  Hans *schreibt* den Brief. (능동)

  → Der Brief *wird* von Hans *geschrieben*. (수동)

  Viele Leute empfehlen das Hotel. (능동)

  → Das Hotel *wird* von vielen Leuten *empfohlen*. (수동)

» 능동문이 수동문으로 바뀔 때, 능동문의 4격 목적어는 수동문의 주어로, 능동문의 주어는 von + 3격 명사구로 바뀐다

Man trinkt in Deutschland viel Bier. (능동)

→ In Deutschland *wird* viel Bier *getrunken*. (수동)

» 행위자가 누구인지 중요하지 않을 때에는 'von + 행위자'를 생략한다.

Man tanzt im Saal. → Es *wird* im Saal *getanzt*. → Im Saal *wird getanzt*.
Man arbeitet hier fleißig. → Es *wird* hier fleißig *gearbeitet*. → Hier *wird* fleißig *gearbeitet*.

» 행위를 나타내는 자동사의 능동문에서 수동문이 유도되는 경우도 있다. 이때 수동문의 주어 위치는 비인칭대명사 es로 채워지는데, 부사, 부사구 등이 도치되어 문장의 맨 앞으로 나오면 es는 탈락된다.

- 수동문의 시제
  현재: werden + 과거분사 (예, Ein Hotelzimmer ***wird*** *reserviert*.)
  과거: wurde + 과거분사 (예, Ein Hotelzimmer ***wurde*** *reserviert*.)
  현재완료: sein + 과거분사 + worden (예, Ein Hotelzimmer ***ist*** *reserviert* ***worden***.)
  과거완료: war + 과거분사 + worden (예, Ein Hotelzimmer ***war*** *reserviert* ***worden***.)

» werden이 수동문을 만든 조동사로 쓰이는 경우 werden의 과거분사형태는 geworden이 아니라 worden이다.

- 화법조동사 + 수동문
  Man *öffnet* die Tür nicht.
  Die Tür *wird* nicht *geöffnet*.
  Die Tür ***kann*** nicht *geöffnet werden*.

» 화법조동사가 정동사로 쓰이면 수동조동사는 부정형이 되어 문장의 끝에 위치한다.

2. 간접의문문

주문장에 종속되어 있는 간접의문문은 부문장의 형식을 취하게 되며, 동사는 문장의 끝에 위치한다.

Was kostet ein Doppelzimmer pro Nacht?
→ Können Sie mir sagen, ***was*** *ein Doppelzimmer pro Nacht kostet*?

Wann kommt sie zurück?

→ Ich weiß nicht, ***wann*** *sie zurückkommt.*

Kommt sie heute zurück?

→ Ich weiß nicht, ***ob*** *sie heute zurückkommt.*

» 의문사가 없는 의문문을 간접의문문으로 만들 때는 접속사 ob을 간접의문문의 제일 앞에 넣어주고, 원래의 정동사는 문장의 끝에 위치시킨다. 이때 간접의문문은 '…인지 아닌지'라는 의미를 갖는다.

Übungen

Übung 1

Peter *öffnet* die Tür. → Die Tür *wird* von Peter *geöffnet.*

1. Peter schließt die Tür.
   → Die Tür ______________________ .
2. Mark repariert das Fahrrad.
   → Das Fahrrad ______________________ .
3. Herr Kim reserviert ein Doppelzimmer.
   → Ein Doppelzimmer ______________________ .
4. Wir bieten einen kostenfreien Internetzugang in jedem Zimmer an.
   → Ein kostenfreier Internetzugang ______________________ .
5. Seine Freunde rufen ihn häufig an.
   → Er ______________________ .

Übung 2

Peter *öffnete* die Tür. / Peter *hat* die Tür *geöffnet*. → Die Tür *wurde* von Peter *geöffnet*. / Die Tür ist von Peter *geöffnet worden*.

1. Peter schloss die Tür.
   → Die Tür ______________________________ .
2. Mark reparierte das Fahrrad.
   → Das Fahrrad ______________________________ .
3. Herr Kim hat ein Doppelzimmer reserviert.
   → Ein Doppelzimmer ______________________________ .
4. Wir haben einen kostenfreien Internetzugang in jedem Zimmer angeboten.
   → Ein kostenfreier Internetzugang ______________________________ .
5. Seine Freunde haben ihn häufig angerufen.
   → Er ______________________________ .

Übung 3

Man *konnte* ihn *retten*. → Er *konnte gerettet werden*.

1. Die Polizisten mussten den Autounfall untersuchen.
   → Der Autounfall ______________________________ .
2. Man konnte den Autounfall schnell vergessen.
   → Der Autounfall ______________________________ .
3. Die Schüler mussten die Frage beantworten.
   → Die Frage ______________________________ .
4. Wir mussten zunächst zwei Doppelzimmer reservieren.
   → Zwei Doppelzimmer ______________________________ .
5. Man konnte endlich das Motorrad reparieren.
   → Das Motorrad ______________________________ .

Übung 4

Weißt du? / Hat er die Prüfung bestanden? → Weißt du, *ob* er die Prüfung bestanden hat?

1. Ich weiß nicht. / Wann kommt er?
   → Ich weiß nicht, ______________________________ .
2. Glaubst du? / Kommt er noch heute?
   → Glaubst du, ______________________________ ?
3. Ich verstehe nicht. / Warum wurde er zur Feier nicht eingeladen?
   → Ich verstehe nicht, ______________________________ .
4. Weißt du? / Was habe ich mitgebracht?
   → Weißt du, ______________________________ ?
5. Ich habe vergessen. / Welches Zimmer hat er reserviert?
   → Ich habe vergessen, ______________________________ .

1. 보기처럼 두 명씩 짝을 지어 병원 진료를 예약하는 전화통화를 해 보시오.

보기

A: Hier Praxis Dr. ________________ , Guten Tag!
B: Guten Tag, Hier spricht/Ich heiße ________________ .
Ich bin erkältet. Können Sie mir einen Termin geben?
A: Übermorgen , um 11 Uhr.
B: Übermorgen ? Das ist zu spät!
Gibt es morgen keinen Termin?
A: Kleinen Moment. ··· Vielleicht morgen Nachmittag, um 4 Uhr ?
B: Ja, sehr gut. Bis morgen !
A: Bis morgen !

2. 두 명씩 짝을 만든 다음, 보기에 제시된 표현들을 활용하여 전화통화를 해 보시오.

보기

- Hallo! / Guten Morgen/Tag/Abend!
- Kann ich ________________ sprechen?
- Ich bin's. / Ich bin selber am Apparat.
- Kleinen Moment bitte!
- Wer ist denn am Apparat?
- Hier spricht ________________ .
- (Auf) Wiederhören! / Tschüs!

Lektion 22
Ich gehe oft bergsteigen

Dialog

Minho und Julia unterhalten sich beim Essen in der Mensa.

Julia: Guten Appetit!

Minho: Guten Appetit!

Julia: Was machst du am Wochenende?

Minho: Ich fahre mit Florian nach Obersdorf in die Alpen. Wir gehen dort bergsteigen.

Julia: Wirklich? Gehst du oft bergsteigen?

Minho: Nein, nicht oft. Florian geht aber oft bergsteigen. Magst du auch Bergsteigen?

Julia: Nein, ich mag es nicht. Ich wandere aber gern im Wald. Vor wenigen Wochen war ich im Schwarzwald. Da bin ich von Titisee bis Hinterzarten gewandert.

Minho: Ach ja? Wie lang war die Strecke?

Julia: Der Wanderweg war 21 Kilometer lang.

Minho: Die Strecke war ja aber ein langer Weg! War es nicht hart, so lang zu wandern?

Julia: Nein, es ist nicht so anstrengend, wie man denkt. Denn der Weg war sehr schön und abwechslungsreich. … Wie lange bleibt ihr in den Alpen? Du hast mir doch gesagt, dass du in der nächsten Woche ein Referat hältst?

Minho: Ja, stimmt. Ich halte am 4. Oktober ein Referat über Kafka. Wir bleiben deswegen nur zwei Tage und kommen schon am 29. September zurück.

Ich habe dann genug Zeit für die Vorbereitung.

Julia: Den Wievielten haben wir heute?

Minho: Wir haben heute den 25. September. Aber wieso?

Julia: Es ist mir gerade eingefallen, dass vom 25. bis 26. September im Literaturhaus ein Kafka-Symposium stattfindet. Da kannst du Vorträge hören, die für deine Vorbereitung auf das Referat wohl hilfreich sein werden.

Minho: Dürfen die Studierenden auch am Symposium teilnehmen?

Julia: Ja, Studierende sind bei solchen Veranstaltungen immer willkommen. Beim letzten Goethe-Symposium waren ein Drittel der Teilnehmer Studierende.

Minho: Dann gehe ich gleich nach dem Essen zum Symposium. Kommst du mit?

Julia: Nein, ich kann am Symposium leider nicht teilnehmen, weil ich am 27. September eine Klausur habe.

Minho: Ach so! Wie schade!

Wörter und Phrasen

der Appetit 식욕; bergsteigen [동] 등산하다; wandern [동] 도보여행하다; die Strecke 구간; anstrengend [부] 힘든; abwechslungsreich [부] 변화무쌍한, 지루하지 않은; das Referat, die Referate (수업시간에 하는) 발표; bereits [부] 이미; die Vorbereitung, die Vorbereitungen 준비; referieren [동] 발표하다; jm. einfallen [동] …의 머리에 떠오르다; das Symposium, die Symposien 심포지엄; der Vortrag, die Vorträge 강연, 발표; hilfreich [부] 도움이 되는; teilnehmen [동] 참여하다; die Veranstaltung, die Veranstaltungen 행사; die Klausur, die Klausuren 시험

Landeskunde

독일에서 가장 높은 봉우리 "추크슈피체(Zugspitze)"

독일의 남부 지역은 알프스와 맞닿아 있으며, 독일에서 가장 높은 산 추크슈피체도 이곳에 있다. 산악기차와 케이블카를 타고 쉽게 올라갈 수 있는 추크슈피체는 그 높이가 2,962m에 달하며, 매년 50만 명 이상의 관광객이 이곳을 찾는다.

독일에서 가장 높은 곳에
있는 추크슈피체

Grammatik

1. nicht의 위치

1) 문장 전체를 부정하는 경우: nicht는 기본적으로 문장의 제일 뒤에 위치한다.

Ich mag Bergsteigen *nicht*.

Er gibt dem Mädchen das Buch *nicht*.

» 문장의 끝에 과거분사, 동사원형, 분리전철 등이 있을 때 nicht는 그 앞에 위치한다.

Ich kann am Symposium leider **nicht** *teilnehmen*.

Julia hat das Buch gestern **nicht** *gelesen*.

Ich rufe sie **nicht** *an*.

» 동사와 밀접한 관계가 있는 전치사구가 있을 때에는 전치사구 앞에 위치한다.

Sie war gestern **nicht** *zu Hause*.

Ich freue mich **nicht** *auf seinen Besuch*.

2) 특정한 내용을 부정하는 경우: nicht는 부정하고자 하는 내용의 앞에 위치한다.
Die Wanderung im Schwarzwald war *nicht* anstrengend.

2. 날짜 표현

- 날짜를 적을 때에는 전치사 am (= an dem) + 3격을 사용한다. 이때 날짜는 항상 남성이며, "날짜, 달, 연도"의 순서로 적는다. 날짜는 서수로 적으며, 서수라는 사실을 나타내기 위해 날짜 뒤에 마침표를 붙여준다.
  am 28. Januar 1900 (am achtundzwanzigsten Januar neunzehnhundert)
  am 17. Juni 1970 (am siebzehnten Juni neunzehnhundertsiebzig)
  am 2. Oktober 2010 (am zweiten Oktober zweitausendzehn)

- 날짜를 적을 때 달을 서수로 표현할 수도 있다. 이때는 달 뒤에도 마침표를 붙여준다.
  am 12. 11. 1991 (am zwölften elften neunzehnhunderteinundneunzig) = am 12. November 1991
  am 21. 4. 2000 (am einundzwanzigsten vierten zweitausend) = am 21. April 2000
  am 3. 2. 2007 (am dritten zweiten zweitausendsieben) = am 3. Februar 2007

- 편지나 서류에 서명을 할 때는 도시 이름과 날짜를 같이 적는데, 이때는 날짜 앞에 정관사 den(남성 4격)을 사용한다.
  München, den 22. Mai 2007 = München, den 22. 5. 2007

- 연도만 표시할 때는 연도만 적거나 "im Jahr + 연도"의 형식을 사용한다.
  Ich war 2010 zum ersten Mal in den Alpen.
  = Ich war im Jahr 2010 zum ersten Mal in den Alpen.

- 날짜를 묻거나 답할 때에는 다음과 같은 표현을 사용한다.
  Der wievielte ist heute? — Heute ist der 10. Mai.
  Den wievielten haben wir heute? — Heute haben wir den 12. August.
  Am wievielten fährst du nach Obersdorf? — Ich fahre am 5. September nach Obersdorf.

3. 분수 및 수식의 표현

1) 분수

1/2 = halb, eine Hälfte → 1½ = anderthalb, eineinhalb

1/3 = ein Drittel → 2/3 = zwei Drittel

1/4 = ein Viertel

1/5 = ein Fünftel

1/10 = ein Zehntel

» 2부터 19까지의 기수에 어미 -tel을, 20 이상의 기수에 어미 -stel을 붙인다. (예, zweitel, drittel, viertel, fünftel, sechstel, siebtel, achtel, neuntel, zehntel, …, neunzehntel, zwanzigstel, …, hundertstel)

» 분수를 나타낼 때는 분자 부뷰우 기수를 그대로 쓰고, 분무 부분은 위에서 제시된 분수를 대문자로 쓴다. (예, zwei Drittel, drei Viertel, neun Zehntel)

2) 수식

3 + 2 = 5 Drei plus (또는 und) zwei ist (또는 gleich) fünf.

7 - 4 = 3 Sieben minus (또는 weniger) vier ist drei.

5 × 8 = 40 Fünf mal acht ist vierzig.

10 ÷ 2 = 5 Zehn (dividiert 또는 geteilt) durch zwei ist fünf.

Übungen

Übung 1

1. A: Magst du Bergsteigen?
   B: Nein, ______________________________.
2. A: Fährst du nach Obersdorf?
   B: Nein, ______________________________.
3. A: Hältst du ein Referat in der nächsten Woche?
   B: Nein, ______________________________.

4. A: Gehst du zum Kafka-Symposium?
   B: Nein, ______________________________________ .
5. A: Dürfen auch die Studierenden am Symposium teilnehmen?
   B: Nein, ______________________________________ .
6. A: Hat er seine Freundin schon angerufen?
   B: Nein, ______________________________________ .
7. A: Freut er sich auf ihren Besuch?
   B: Nein, ______________________________________ .

Übung 2

> Ich bin am **17. Juni 1989** geboren.
> → Ich bin am siebzehnten Juni neunzehnhundertneunundachtzig geboren.
> Er hat am **22. 5. 2007** Geburtstag.
> → Er hat am zweiundzwanzigsten fünften zweitausendsieben Geburtstag.

1. Er kam am **1. Januar 2005** zurück.
   → Er kam am ______________________________________ zurück.
2. Frau Müller ist am **3. 5. 1971** geboren.
   → Frau Müller ist am ______________________________________ geboren.
3. Heute haben wir den **29. Dezember 2009.**
   → Heute haben wir den ______________________________________ .
4. Seit dem **12. 9. 2001** gewinnt die Mannschaft jedes Spiel.
   → Seit dem ____________________________ gewinnt die Mannschaft jedes Spiel.
5. Am **28. 7. 1996** sind wir nach Berlin gefahren.
   → Am ____________________________ sind wir nach Berlin gefahren.
6. Deinen Brief vom **11. Juni 2007** habe ich bereits gelesen.
   → Deinen Brief vom ____________________________ habe ich bereits gelesen.

Übung 3

3 + 7 = 10 → Drei plus (und) sieben ist (gleich) zehn.

1. ________ + ________ = 25
   → ____________________
2. ________ - ________ = 32
   → ____________________
3. ________ × ________ = 28
   → ____________________
4. ________ ÷ ________ = 5
   → ____________________

Aktivitäten

1. 옆에 앉은 학생과 짝을 이루어 다음의 숫자가 나오는 덧셈, 뺄셈, 곱셈, 나눗셈 식을 번갈아가며 하나씩 말하시오.

   12, 24
   35, 8
   74, 52
   42, 81
   90, 25
   9, 36
   56, 68

2. 옆에 앉은 학생과 짝을 이루어 보기처럼 서로의 생년월일을 묻고 답하시오. 다음에는 가족들의 생년월일을 묻고 답하시오.

보기

Wann ist dein Bruder geboren?	— Er ist am 28. April 1990 geboren.

Lektion 23
Regierung und Parlament der Bundesrepublik Deutschland

Dialog

Hana und Julia fahren mit dem Bus zur Uni.
Hana sieht auf der Straße mehrere hundert Menschen demonstrieren.

Hana: Weißt du, wogegen sie demonstrieren?

Julia: Sie demonstrieren gegen die Landesregierung, die am Flughafen München eine neue Startbahn bauen will.

Hana: Warum sind sie dagegen?

Julia: Sie behaupten, dass es keinen Bedarf für eine neue Startbahn gebe und der Bau nur die Umwelt in der Umgebung des Flughafens zerstören werde, die durch Lärm und Abgase bereits schwer belastet sei.

Hana: Was sagt die Landesregierung dazu?

Julia: In einem Fernsehinterview hat der Bürgermeister von München gesagt, dass ohne eine neue Startbahn die Nachfrage schon in wenigen Jahren die Kapazität des Flughafens übersteigen werde.

Hana: Wer hat denn Recht?

Julia: Das kann man nicht so einfach beantworten. Eines ist aber wohl klar, dass eine neue Start- und Landebahn früher oder später gebaut werden muss. Aber ob der Bau im Moment so dringend nötig ist, weiß ich nicht.

Hana: Du meinst also, dass das Kapazitätsproblem des Flughafens von der Landesregierung übertrieben wird.

Julia: Ja, genau. Wenn sie ihn langfristig geplant hätte, hätte sie genug Zeit gehabt, die Bürger und Umweltschützer zu überzeugen.

Hana: Wer ist denn zur Zeit der regierende Bürgermeister von München?

Julia: Herr Müller von der CSU.

Hana: CSU? Ist es eine politische Partei?

Julia: Ja, die CSU ist eine christlich-konservative Partei, die nur in Bayern zu Wahlen antritt. Auf der Bundesebene bildet sie im Deutschen Bundestag mit der CDU eine Fraktionsgemeinschaft. Die CDU ist auch eine christlich-konservative Partei.

Wörter und Phrasen

demonstrieren [동] 데모하다; die Startbahn 활주로; der Flughafen 공항 (der Flug + der Hafen); der Bau 건설; die Umwelt 환경; der Lärm 소음; das Abgas, die Abgase 매연; belasten [동] 부담을 주다; zerstören [동] 파괴하다; die Landesregierung 주정부 (das Land + die Regierung); der Bürgermeister 시장 (der Bürger + der Meister); das Fernsehinterview TV 인터뷰 (der Fernseh + das Interview); die Nachfrage 수요; die Kapazität, die Kapazitäten 수용규모, 수용능력; übersteigen [동] 넘어서다; beantworten [동] 대답하다; Start- und Landebahn 활주로 (이륙- 착륙로); dringend [부] 긴급하게; nötig [부] 필요한; übertreiben [동] 과장하다; langfristig [형] 장기적인; planen [동] 계획하다; regieren [동] 지배하다; politisch [형] 정치적인; die Partei, die Parteien 정당; christlich [형] 기독교적인; konservativ [형] 보수적인; die Wahl, die Wahlen 선택, 선거; antreten [동] 나서다; die Bundesebene 연방의 차원 (der Bund + die Ebene); bilden [동] 만들다, 형성하다; der Bundestag 연방하원 (der Bund + der Tag); die Fraktionsgemeinschaft 공동 원내교섭단체 (die Fraktion + die Gemeinschaft)

독일의 주요 정당

CDU
Christlich Demokratische Union Deutschlands

기독민주연합(기민련)은 독일의 대표적인 보수정당으로서 전후 "라인 강의 기적"이라 불리는 경제 기적을 이끈 콘라트 아데나우어, 1990년 독일통일을 이끈 헬무트 콜, 독일 최초의 여성총리인 앙겔라 메르켈 등이 이 정당 출신의 총리들이다.

SPD
Sozialdemokratische Partei Deutschlands

사회민주당(사민당)은 현대적 의미의 사회민주주의 실현을 목적으로 하는 중도좌파 정당으로서 독일 통일의 초석을 다진 "동방정책"의 주역 빌리 브란트, 헬무트 슈미트, 게르하르트 슈뢰더 등 세 명의 총리를 배출하였다. CDU와 함께 독일의 정치를 주도해온 양대 산맥 중 하나이다.

F.D.P.
Die Liberalen
Freie Demokratische Partei

자유민주당(자민당)은 개인의 권리와 자유를 강조하는 자유주의를 내세우는 정당으로서 진보적인 측면과 보수적인 측면을 모두 가지고 있다. 이에 따라 CDU와 SPD가 단독으로 정부를 구성할 수 있는 하원의석수(전체 의석수의 50%)를 확보하지 못했을 때 연립정부 구성의 파트너로서 중요한 역할을 해왔다.

Bündnis 90
Die Grünen
Bündnis 90/Die Grünen

연맹90/녹색당 녹색당은 68세대가 주축을 이루었던 환경보호단체, 반전평화단체들에 의해 1979년에 창당되었다. 환경과 반전평화를 최우선 과제로 삼으며 꾸준히 성장한 녹색당은 1993년 구동독 시절 동독 공산당에 저항했던 시민단체 연맹90과 통합하여 연맹90/녹색당으로 이름을 바꾸었다.

DIE LINKE.

좌파당은 구동독의 공산당을 전신으로 하는 민주사회당과 SPD의 중도화에 반기를 들고 탈당한 좌파 정치인들이 모여 만든 정당이다. 좌파당은 통일 후의 상황에 실망한 구동독의 주민들과 SPD의 비사회주의적인 정책에 불만을 품은 기존 SPD 지지자들을 중심으로 세력을 넓혀가고 있다.

1. 접속법

독일어의 세 화법(직설법, 명령법, 접속법) 중 하나인 접속법에는 1식과 2식이 있다.

1) 접속법 1식

• 형태: 동사를 접속법 1식의 형태(부정형 어간 + 접속법 동사 어미)로 바꿔준다.

	접속법어미	sagen	werden	gehen	haben	sein
ich	-e	sage	werde	gehe	habe	sei
du	-est	sagest	werdest	gehest	habest	seiest
er/es/sie	-e	sage	werde	gehe	habe	sei
wir	-en	sagen	werden	gehen	haben	seien
ihr	-et	saget	werdet	gehet	habet	seiet
sie	-en	sagen	werden	gehen	haben	seien
Sie	-en	sagen	werden	gehen	haben	seien

Er *sei* schön.
Frau Choi *habe* einen teueren Rennwagen.

• 용법

접속법 1식은 주로 간접화법에서 사용되며, 요구화법(기원, 3인칭 단수에 대한 명령)에서도 사용된다.

Sie sagte: „Es gibt keinen Bedarf für eine neue Startbahn."
→ Sie sagte, dass es keinen Bedarf für eine neue Startbahn *gebe*.

Der Bürgermeister sagte: „Ohne eine neue Startbahn wird die Verkehrsnachfrage schon in wenigen Jahren die Kapazität des Flughafens übersteigen."
→ Der Bürgermeister sagte, dass ohne eine neue Startbahn die Verkehrsnachfrage schon in wenigen Jahren die Kapazität des Flughafens übersteigen *werde*.

Er sagt: „Die Kinder haben die Eintrittskarte."
→ Er sagt, dass die Kinder die Eintrittskarte *haben*.
→ Er sagt, dass die Kinder die Eintrittskarte *hätten*.

» 간접화법에서 동사의 접속법 1식이 직설법에서의 형태와 동일한 경우 접속법 1식 대신 접속법 2식을 사용한다.

Man *denke* an die Umwelt!

» 접속법 1식은 요구화법(기원문, 3인칭 단수에 대한 명령)에서도 사용된다.

Er *habe* gesagt.
Er *sei* gegangen.

» 접속법 1식의 과거는 직설법 현재완료형으로부터 만들되, 정동사 haben 혹은 sein을 접속법 1식의 형태에 맞게 고쳐준다.

2) 접속법 2식

• 형태: 동사를 접속법 2식의 형태(과거기본형 + 접속법 동사 어미)로 바꿔준다.

	접속법어미	sagen	werden	gehen	haben	sein
ich	-e	sagte	würde	ginge	hätte	wäre
du	-est	sagtest	würdest	gingest	hättest	wärest
er/es/sie	-e	sagte	würde	ginge	hätte	wäre
wir	-en	sagten	würden	gingen	hätten	wären
ihr	-et	sagtet	würdet	ginget	hättet	wäret
sie	-en	sagten	würden	gingen	hätten	wären
Sie	-en	sagten	würden	gingen	hätten	wären

» 불규칙동사인 경우 모음 a, o, u는 각각 ä, ö, ü로 바뀐다.
» 규칙동사의 접속법 2식은 직설법 과거형 동사의 형태와 완전히 일치한다. (예, sagen의 경우) 이 경우 werden 동사의 접속법 2식 형태인 würde를 사용하여 'würde + 동사 부정형'으로 나타내기도 한다. (예, sagen의 경우: würde + sagen)

• 용법

접속법 2식은 주로 비현실 화법(가정법)과 외교적 화법(정중한 요청, 권고 등)에 사용된다.

① 사실이나 상황에 대한 가정

Wenn ich Flügel *hätte*, *flöge* ich zu dir.
Eine neue Startbahn *würde* die Umwelt belasten.
Wenn die Landesregierung den Bau langfristig geplant *hätte*, *hätte* sie genug Zeit gehabt, die Bürger und Umweltschützer zu überzeugen.

» 접속법 1식과 마찬가지로 접속법 2식의 과거도 직설법 현재완료형으로부터 만든다. 이때 정형동사 haben, 혹은 sein을 접속법 2식의 형태로 고쳐준다.

② 정중한 요청, 권고, 추측

Könntest du mir helfen?
Ich *hätte* gern ein Stück Kuchen. (= ich möchte … haben.)
Der Gast *müsste* gleich kommen.

③ 소망, 유감: doch, nur와 함께 부문장만을 써줌

Wenn ich doch Bürgermeisterin *wäre*!
Wenn ich nur Arzt geworden *wäre*!
Hätte ich doch einen Computer! (wenn 생략 어순)

2. 상태수동

• (동작)수동은 동작이나 행위수행 자체를, 상태수동은 동작이나 행위수행의 결과를 나타낸다.

능동: Lärm und Abgase belasten die Umwelt schwer.
→ (동작)수동: Die Umwelt *wird* durch Lärm und Abgase schwer belastet.
→ 상태수동: Die Umwelt *ist* durch Lärm und Abgase schwer belastet.

- 상태수동은 장소의 이동이나 상태의 변화를 나타내는 현재완료형과 마찬가지로 "sein + 과거분사"의 형태이다. 그러나 동사의 성격(상태수동: 타동사, 현재완료: 자동사)과 문장의 의미에서 뚜렷하게 구분된다.

  상태수동: Der Brief *ist geschrieben*.
  현재완료형: Das Kind *ist* eben *eingeschlafen*.

Übungen

Übung 1

Die Demonstranden sagen: „Wir sind gegen den Bau einer neuen Startbahn am Flughafen." → Die Demonstranden sagen, *dass sie gegen den Bau einer neuen Startbahn am Flughafen* ***seien***.

1. Sie behaupten: „Es gibt keinen Bedarf für eine neue Startbahn und der Bau wird nur die Umwelt zerstören."
   → ______________________________
2. Der Bürgermeister meint dagegen: „Eine neue Startbahn ist unbedingt nötig, weil die Verkehrsnachfrage in wenigen Jahren die Kapazität des Flughafens übersteigen wird."
   → ______________________________
3. Julia glaubt: „Die Landesregierung hat sich zu schnell für den Bau der Startbahn entschieden."
   → ______________________________
4. Hana sagt: „Ich muss nun schnell zum Flughafen fahren, weil mein Bruder um 16 Uhr ankommt."
   → ______________________________

5. Hanas Bruder sagt: „Ich war im letzten Jahr kurz in Berlin. Da habe ich viele Freunde kennen gelernt."

→ ______________________________

Übung 2

> Ich möchte zu dir fliegen. Ich habe aber keine Flügel.
> → Ich **flöge** zu dir, *wenn ich Flügel* ***hätte.***

1. Ich möchte ein neues Notebook kaufen. *Ich habe aber kein Geld.*

   → ______________________________

2. Hana möchte gerne ins Kino gehen. *Sie hat aber zu viele Hausaufgaben.*

   → ______________________________

3. Minho möchte gern den Film sehen. *Die Tickets sind aber bereits ausverkauft.*

   → ______________________________

4. Julia möchte überall in Deutschland reisen. *Sie hat aber kein Auto.*

   → ______________________________

5. Sie möchte gern den Roman jetzt lesen. *Sie hat aber keine Zeit dafür.*

   → ______________________________

Übung 3

> Es wäre besser gewesen, … (Du warst doch da.)
> → Es wäre besser gewesen, ***wenn*** *du nicht da gewesen* ***wärest.***

1. Wie wäre es gewesen, …? (Sie hat dich doch gefunden.)

   → ______________________________

2. Ich wäre sehr traurig gewesen, … (Du kamst doch rechtzeitig an.)

   → ______________________________

3. Wir hätten uns nie kennen gelernt, … (Wir haben doch Deutsch gelernt.)

   → ______________________________

4. Er hätte auf dich nicht gewartet, ··· (Du warst früher doch immer pünktlich.)

→ ____

5. Sie hätte es nicht gesagt, ··· (Sie hat doch nicht anders gemeint.)

→ ____

Aktivitäten

1. 보기의 어휘를 이용하여 화재가 발생한 상황을 독일어로 묘사하시오.

보기

Nomen: das Feuer, der Brand, der Rauch, die Feuerwehr, der Feuerlöscher, der Schrei, der Helfer, die Hilfe ···

Verben: brennen, qualmen, rauchen, erschrecken, anhalten, schreien, rufen, anrufen, staunen, angeben, wagen ···

Adjektive: heiß, gefährlich, ängstlich, mutig, dankbar, erstaunt, hoffnungsvoll ···

2. 1) 두 명씩 하나의 그룹을 만드시오.
   2) 각자 종이에 독일어로 문장을 하나씩 써서 상대편과 바꾸시오.
   3) 자신이 받은 종이에 쓰인 문장을 간접화법으로 바꾸어 보시오.

Lektion 24
Wiederholungen

Grammatikübungen

Übung 1

Peter *öffnet* die Tür ganz leicht. → Die Tür *wird von Peter* ganz leicht *geöffnet*.

1. Klaus schließt die Tür mit einem Schlüssel ab.
   → Die Tür ______________________________ .
2. Mark repariert sein Auto mit den speziellen Werkzeugen.
   → Sein Auto ______________________________ .
3. Herr Schmidt isst jeden Tag den Käse.
   → Der Käse ______________________________ .
4. Der Winzer erntet die Trauben in diesem Jahr sehr früh.
   → Die Trauben ______________________________ .
5. Der Schüler beantwortet die Frage nicht.
   → Die Frage ______________________________ .
6. Der Student liest das Buch mit großem Interesse.
   → Das Buch ______________________________ .
7. Man sieht den Film nur in diesem Kino.
   → Der Film ______________________________ .

Übung 2

Peter *hat* die Tür ganz leicht *geöffnet.* → Die Tür *ist von Peter* ganz leicht *geöffnet worden.*

1. Klaus hat die Tür mit einem Schlüssel abgeschlossen.
   → Die Tür ______________________________ .
2. Mark hat sein Auto mit den speziellen Werkzeugen repariert.
   → Sein Auto ______________________________ .
3. Herr Schmidt hat jeden Tag den Käse gegessen.
   → Der Käse ______________________________ .
4. Der Winzer hat die Trauben in diesem Jahr sehr früh geerntet.
   → Die Trauben ______________________________ .
5. Der Schüler hat die Frage nicht beantwortet.
   → Die Frage ______________________________ .
6. Der Student hat das Buch mit großem Interesse gelesen.
   → Das Buch ______________________________ .
7. Man hat den Film nur in diesem Kino gesehen.
   → Der Film ______________________________ .

Übung 3

Peter *kann* die Tür ganz leicht *öffnen.* → Die Tür *kann* von Peter ganz leicht *geöffnet werden.*

1. Klaus kann die Tür mit einem Schlüssel abschließen.
   → Die Tür ______________________________ .
2. Mark kann sein Auto mit den speziellen Werkzeugen reparieren.
   → Sein Auto ______________________________ .
3. Herr Schmidt kann jeden Tag den Käse essen.
   → Der Käse ______________________________ .

4. Der Winzer kann die Trauben in diesem Jahr sehr früh ernten.
→ Die Trauben ______________________________ .
5. Der Schüler kann die Frage nicht beantworten.
→ Die Frage ______________________________ .
6. Der Student kann das Buch mit großem Interesse lesen.
→ Das Buch ______________________________ .
7. Man kann den Film nur in diesem Kino sehen.
→ Der Film ______________________________ .

Übung 4

Die Menschen klagen: „Diese Stadt *ist* so schlecht!“ → Sie klagten, *dass diese Stadt so schlecht **sei***.

1. Der Bürgermeister sagt: „Die Stadt hat einfach kein Geld.“
→ Er sagte, ______________________________ .
2. Ein Mann erklärt: „Die Industrie ist in den letzen Jahren nicht gewachsen.“
→ Er erklärte, ______________________________ .
3. Eine Frau klagt: „Ich muss alles auf Kredit kaufen.“
→ Sie klagte, ______________________________ .
4. Ein Lehrer fragt: „Woher bekommt die Schule das Geld für neue Bücher?“
→ Er fragte, ______________________________ .
5. Ein Arzt meldet: „Im Krankenhaus sind zu viele kranke Menschen.“
→ Er meldete, ______________________________ .
6. Ein Kind fragt: „Warum geht alles denn so schlecht?“
→ Es fragte, ______________________________ .
7. Seine Mutter fragt auch: „Soll ich in eine neue Stadt umziehen?“
→ Sie fragte, ______________________________ .
8. Der Stadtrat erklärt: „Man hat die guten Seiten der Stadt nicht besprochen.“
→ Er erklärte, ______________________________ .
9. Der Bürgermeister fragt: „Wollt ihr eurer Stadt denn keine Chance geben?“
→ Er fragte, ______________________________ .

Wortschatzübungen

Übung 1

an, auf, für, mit, per, zu

1. Peter wurde ________ ihrer Geburtstagsfeier eingeladen.
2. Viele Studierende nehmen ________ dem Symposium teil.
3. Sie haben sich ________ den Bau einer Start- und Landebahn am Flughafen entschieden.
4. Ich habe ein Zimmer ________ den Namen HONG reserviert!
5. Die Bestätigung wurde ________ E-Mail geschickt.
6. Peter hat sich ________ Hana lange unterhalten.

Übung 2

1. (zufällig, Englischer Garten, in, uns, kennen lernen)
   → Wir ________________________________.
2. (andere, viel mehr, Kaufhäuser, in, kosten)
   → Der Pullover ________________________________.
3. (auf, sehr, sich, Schwarzwald, in, die Wanderung, freuen)
   → Er ________________________________.
4. (Gemüse, Obst, jeden Tag, frisch, werden, anbieten)
   → Der Supermarkt ________________________________.
5. (ein Referat, in der nächsten Woche, in einem Seminar, halten)
   → Sie ________________________________.
6. (zu, essen, nicht, sein)
   → Dieses faule Obst ________________________________.

Übung 3

anstrengend, gleich, langfristig, später, wohl, zufällig

1. Eine neue Start- und Landebahn ist früher oder ________ zu bauen.
2. Wenn die Landesregierung den Bau __________ geplant hätte, hätte sie genug Zeit gehabt, die Bürger zu überzeugen.
3. Da kannst du Vorträge hören, die für deine Vorbereitung auf das Referat ________ hilfreich sein werden.
4. Die Wanderung im Schwarzwald ist sehr __________ gewesen.
5. Ich habe den Pullover _________ in einem Kaufhaus gefunden.
6. Peter und Hana sind noch nicht da. Sie werden aber __________ kommen.

Übung 4

Doppelzimmer, Etage, Kasse, Kindheit, Meinung, Mensa, Vorbereitung

1. Gehen Sie bitte in die erste ____________. Dort finden Sie die Damenmode-Abteilung.
2. A: Wo kann ich es bezahlen?
   B: Da drüben gibt es eine ___________. Sehen Sie?
3. Guten Tag! Ich möchte für nächstes Wochenende ein ___________ reservieren.
4. Seit meiner ___________ besuche ich jeden Sommer den Schwarzwald.
5. Ich komme dann schon am 29. September zurück. Ich habe dann genug Zeit für die ____________ auf mein Referat.
6. Meiner ____________ nach ist der Bau einer Start- und Landebahn nicht notwendig.

Fragen zum Text

Am 28. Januar 1900 begann in Deutschland die offizielle Geschichte des Fußballs: In Leipzig gründete sich der Deutsche Fußball-Bund. Dieser größte deutsche Sportverband zählte derzeit mehr als 6 Millionen Mitglieder in ca. 26.000 Vereinen. Fußball ist als Sportart gerade bei Kindern und Jugendlichen so attraktiv wie nie zuvor. Ein Drittel der Aktiven des DFB spielen in den über 100.000 Juniorenmannschaften des Landes. Kurz: Fußball ist Deutschlands Spitzensport.
Der englische Fußballspieler Gary Lineker sagte einmal, Fußball sei ein ganz einfaches Spiel: 22 Spieler laufen einem Ball hinterher, und am Ende gewinnt immer Deutschland. Das stimmt natürlich nicht — und wäre auch sehr langweilig. Doch wenn man sich die Bilanz der deutschen Herren-Fußballnationalmannschaft ansieht, kann man den Ruf der Deutschen als einer starken Mannschaft verstehen: Dreimal Weltmeister, viermal Vizeweltmeister, zweimal WM-Dritter, dreimal Europameister, zweimal Vize-Europameister, seit 1954 bei allen WM- und seit 1972 bei allen EM-Turnieren dabei. Mit dieser Erfolgsbilanz ist die deutsche Nationalmannschaft in der Spitzengruppe aller internationalen Ranglisten. Sie ist die entscheidende Grundlage für das hohe Ansehen, das der deutsche Fußball weltweit besitzt.

1. Was ist Fußball in Deutschland?
2. Wann begann die offizielle Geschichte des Fußballs in Deutschland?
3. Wie viele Mitglieder hat der Deutsche Fußballbund?
4. Was ist Fußball nach Ansicht des englischen Fußballspielers Gary Lineker?
5. Wodurch gewann der deutsche Fußball das hohe Ansehen?
6. Wie stark ist der deutsche Fußball heute?

Wörter und Phrasen

der Fußball 축구; das Bundesligaspiel 분데스리가 경기 (die Bundesliga + das Spiel); international [형] 국제적인; der Kick, die Kicks 공차기, 킥; der Amateur, die Amateure 아마추어; der/die Jugendliche, die Jugendlichen 청소년; der Spielplatz 경기장, 놀이터 (das Spiel + der Platz); offiziell [형] 공식적인; die Geschichte, die Geschichten, 이야기, 역사; gründen [동] 창립/창설하다; der Bund, die Bünde 연합, 동맹, 결합; der Sportverband 스포츠연합 (der Sport + der Verband); zählen [동] 수를 세다, (수가) …에 달하다; derzeit [부] 지금, 현재; das Mitglied, die Mitglieder 회원; der Verein, die Vereine 단체, 협회, 클럽; die Sportart 스포츠 종류 (der Sport + die Art); attraktiv [형] 매력적인; zuvor [부] 예전에; das Drittel, die Drittel 1/3; aktiv [형] 활동하고 있는; die Juniorenmannschaft 청소년 팀 (der Junior + die Mannschaft); der Spitzensport 최고의 스포츠 (die Spitze + der Sport); der Fußballspieler 축구선수 (der Fußball + der Spieler); hinterherlaufen [동] 뒤쫓아 뛰다; gewinnen [동] 이기다, 승리하다, 얻다; langweilig [형] 지루한; die Bilanz 결산, 성과; die Fußballnationalmannschaft 축구국가대표팀 (der Fußball + national + die Mannschaft); der Ruf, die Rufe 명성, 큰소리로 부름; der Weltmeister 세계챔피언; der Vizeweltmeister 세계 2위; WM = die Weltmeisterschaft 월드컵; der Dritte 3위; der Europameister 유럽챔피언; der Vize-Europameister 유럽 2위; EM = die Europameisterschaft 유럽컵; das Turnier, die Turniere 운동경기대회; die Erfolgsbilanz 성공적인 결과 (der Erfolg + die Bilanz); die Nationalmannschaft 국가대표팀 (national + die Mannschaft); die Spitzengruppe 최상위 그룹 (die Spitze + die Gruppe); die Rangliste 순위(표) (der Rang + die Liste); entscheiden [동] 결정하다; die Grundlage 토대, 기반 (der Grund + die Lage); das Ansehen 명성; weltweit [형] 전 세계적인; besitzen [동] 소유하고 있다, 가지고 있다

부록

불규칙동사표

불규칙동사표

부정법	직설법		접속법	과거분사
	현재	과거	II식	
backen (빵을) 굽다	du bäckst er bäckt	buk (backte)	büke (backte)	gebacken
befehlen 명령하다	du befiehlst er befiehlt	befahl	beföhle (befähle)	befohlen
beginnen 시작하다		begann	begönne (begänne)	begonnen
beißen 물다	du beiß[es]t er beißt	biss	bisse	gebissen
bergen 숨기다	du birgst er birgt	barg	bärge	geborgen
bewegen 무엇을 하게 하다		beweg	bewöge	bewogen
biegen 굽히다		bog	böge	gebogen
bieten 제공하다		bot	böte	geboten
binden 맺다		band	bünde	gebunden
bitten 청하다		bat	bäte	gebeten
blasen 불다	du bläs[es]t er bläst	blies	bliese	geblasen
bleiben 머무르다		blieb	bliebe	geblieben
braten 굽다	du brätst er brät	briet	briete	gebraten
brechen 깨다	du brichst er bricht	brach	bräche	gebrochen
brennen (불) 타다		brannte	brennte	gebrannt
bringen 가져오다		brachte	brächte	gebracht
denken 생각하다		dachte	dächte	gedacht
dringen 밀고 나아가다		drang	dränge	gedungen

부정법	직설법		접속법	과거분사
	현재	과거	II식	
dürfen 해도 좋다	ich darf du darfst er darf	durfte	dürfte	gedurft
empfehlen 추천하다	du empfiehlst er empfiehlt	empfahl	empföhle (empfähle)	empfohlen
erlöschen (불이) 꺼지다	du erlisch[e]st er erlischt	erlosch	erlösche	erloschen
erschrecken 놀라다	du erschrickst er erschrickt	erschrak	erschräke	erschrocken
essen 먹다	du isst er ißt	aß	äße	gegessen
fahren 타고가다	du fährst er fährt	fuhr	führe	gefahren
fallen 떨어지다	du fällst er fällt	fiel	fiele	gefallen
fangen 붙잡다	du fängst er fängt	fing	finge	gefangen
fechten 싸우다	du fichtst er ficht	focht	föchte	gefochten
finden 발견하다		fand	fände	gefunden
flechten 엮다, 땋다	du flichst er flicht	flocht	flöchte	geflochten
fliegen 날다		flog	flöge	geflogen
fliehen 달아나다		floh	flöhe	geflohen
fließen 흐르다	du fließ[es]t er fließt	floss	flösse	geflossen
fressen (동물이) 먹다	du frisst er frisst	fraß	fräße	gefressen
frieren 얼다		fror	fröre	gefroren
gebären 낳다	du gebierst er gebiert	gebar	gebäre	geboren

부정법	직설법		접속법	과거분사
	현재	과거	II식	
geben 주다	du gibst er gibt	gab	gäbe	gegeben
gefallen 마음에 들다	es gefällt	gefiel	gefiehle	gefallen
gehen 가다	du gehst er geht	ging	ginge	gegangen
gelingen 성공하다		gelang	gelänge	gelungen
gelten 가치가 있다	du gilst er gilt	galt	göte (gälte)	gegolten
genesen (병이) 낫다	du genes[es]t er genest	genas	genäse	genensen
genießen 즐기다		genoss	genösse	genossen
geschehen (일이) 일어나다	es geschiet	geschah	geschähe	geschehen
gewinnen 얻다		gewann	gewönne (gewanne)	gewonnen
gleichen 같다		glich	gliche	geglichen
gießen (물을) 붓다	du gieß[es]t er gießt	goss	gösse	gegossen
gleiten 미끄러지다		glitt	glitte	geglitten
graben 파다	du gräbst er gräbt	grub	grübe	gegraben
greifen 잡다, 쥐다		griff	griffe	gegriffen
haben 가지고 있다	du hast er hat	hatte	hätte	gehabt
halten 유지하다	du hältst er hält	hielt	hielte	gehalten
hängen(hangen) 걸려 있다	du hängst er hängt	hing	hinge	gehangen
hauen 때리다, 치다		hieb	hiebe	gehauen
heben 올리다		hob	höbe	gehoben

부정법	직설법		접속법	과거분사
	현재	과거	II식	
heißen 라고 불리우다	du heiß[es]t er heißt	hieß	hieße	geheißen
helfen 돕다	du hilfst er hilft	half	hülfe	geholfen
kennen 알다		kannte	kennte	gekannt
klingen (소리가) 울리다		klang	klänge	geklungen
kommen 오다		kam	käme	gekommen
können 할 수 있다	ich kann du kannst er kann	konnte	könnte	gekonnt
kriechen 기다		kroch	kröche	gekrochen
laden (짐을) 싣다	du lädst er lädt	lud	lüde	geladen
lassen 시키다	du lässt er lässt	ließ	ließe	gelassen
laufen 달리다	du läufst er läuft	lief	liefe	gelaufen
leiden 시달리다		litt	litte	gelitten
leihen 빌려주다		lieh	liehe	geleihen
lesen 읽다	du liest er liest	las	läse	gelesen
liegen 놓여 있다		lag	läge	gelegen
lügen 거짓말하다		log	löge	gelogen
meiden 피하다		mied	miede	gemieden
messen 재다	du misst er misst	maß	mäße	gemessen
mögen 좋아하다	ich mag du magst er mag	mochte	möchte	gemocht

부정법	직설법		접속법	과거분사
	현재	과거	II식	
müssen 해야 한다	ich muss du musst er muss	musste	müsste	gemusst
nehmen 잡다	du nimmst	nahm	nähme	genommen
nennen 명명하다		nannte	nennte	genannt
preisen 칭찬하다	du preis[es]t er preist	pries	priese	gepriesen
quellen (물이) 솟아나오다	du quillst er quillt	quoll	quölle	gequollen
raten 충고하다	du rätst er rät	riet	riete	geraten
reiben 문지르다		rieb	riebe	gerieben
reißen 찢다		riss	risse	gerissen
reiten 말 타다		ritt	ritte	geritten
rennen 달리다		rannte	rennte	gerannt
riechen 냄새나다		roch	röche	gerochen
ringen 격투하다		rang	ränge	gerungen
rinnen 흐르다		rann	rönne (ränne)	geronnen
rufen 부르다		rief	riefe	gerufen
saufen (동물이) 마시다	du säufst er säuft	soff	söffe	gesoffen
schaffen 창조하다		schuf	schüfe	geschaffen
scheiden 나누다, 가르다		schied	schiede	geschieden
scheinen 빛나다		schien	schiene	geschienen

부정법	직설법		접속법	과거분사
	현재	과거	II식	
scheißen 똥 누다		schieß	schisse	geschissen
schelten 꾸짖다	du schiltst er schilt	schalt	schölte (schälte)	gescholten
schieben 밀다		schob	schöbe	geschoben
schießen 쏘다	du schießt er schießt	schoss	schösse	geschossen
schlafen 자다	du schläfst er schläft	schlief	schliefe	geschlafen
schlagen 치다	du schlägst er schlägt	schlug	schlüge	geschlagen
schleichen 소리 내지 않고 걷다, 기다		schlich	schliche	geschlichen
schließen 닫다	du schließt er schließt	schloass	schlösse	geschlossen
schlignen 휘감다		schlang	schlänge	geschlungen
schmelzen 녹다	du schmilzt er schmilzt	schmolz	schmölze	geschmolzen
schneiden 자르다		schnitt	schnitte	geschnitten
schreiben 쓰다		schrieb	schriebe	geschrieben
schreien 외치다		schrie	schriee	geschrie[e]n
schmeißen 던시나		schmieß	schmisse	geschmissen
schreiten 걷다		schritt	schritte	geschritten
schweigen 침묵하다		schwieg	schwiege	geschwiegen
schwellen 부풀다	du schwillst er schwillt	schwoll	schwölle	geschwollen
schwimmen 헤엄치다		schwamm	schwomme (schwämme)	geschwommen

부정법	직설법		접속법	과거분사
	현재	과거	II식	
schwinden 사라지다		schwand	schwände	geschwunden
schwören 맹세하다	du schwörst er schwört	schwur	schwüre	geschworen
sehen 보다	du siehst er sieht	sah	sähe	gesehen
sein 있다, …이다	ich bin du bist er ist	war	wäre	gewesen
senden 보내다		sandte (sandete)	sendete	gesendet
singen 노래하다		sang	sänge	gesungen
sinken 가라앉다		sank	sänke	gesunken
sinnen 곰곰이 생각하다		sann	sänne	gesonnen
sitzen 앉아 있다	du sitz[es]t er sitzt	saß	säße	gesessen
sollen 마땅히 …해야 한다	ich soll du sollst er soll	sollte	sollte	gesollt
spinnen 짜다, 잣다		spann	spönne (spänne)	gesponnen
sprechen 말하다	du sprichst er spricht	sprach	spräche	gesprochen
springen 뛰다		sprang	spränge	gesprungen
stechen 찌르다	du stichst er sticht	stach	stäche	gestochen
stehen 서 있다		stand	stände	gestanden
stehlen 훔치다	du stiehlst er stiehlt	stahl	stöhle (stähle)	gestohlen
steigen 오르다		stieg	stiege	gestiegen
sterben 죽다	du stirbst er stirbt	starb	stürbe	gestorben

부정법	직설법		접속법	과거분사
	현재	과거	II식	
stoßen 찌르다	du stöß[es]t er stößt	stieß	stieße	gestoßen
streichen 쓰다듬다/배회하다		strich	striche	gestrichen
streiten 다투다		stritt	stritte	gestritten
tragen 운반하다	du trägst er trägt	trug	trüge	getragen
treffen 맞추다	du triffst er trifft	traf	träfe	getroffen
treiben 쫓다, 몰고 가다		trieb	triebe	getrieben
treten 밟다	du trittst er tritt	trat	träte	getreten
trinken 마시다		trank	tränke	getrunken
trügen 속이다		trog	tröge	getrogen
tun 하다	du tust er tut	tat	täte	getan
verbieten 금지하다		verbot	verböte	verboten
verderben 썩다	du verdirbst er verdirbt	verdarb	verdürbe	verdorben
vergessen 잊다	du vergiss[es]t er vergisst	vergaß	vergäße	vergessen
verlieren 잃다		verlor	verlöre	verloren
vermogen …할 능력이 있다	ich vermag du vermagst er vermag	vermochte	vermöchte	vermocht
verzeihen 용서하다		verzieh	verziehe	verziehen
wachsen 자라다	du wächs[es]t er wächst	wuchs	wüchse	gewachsen
waschen 씻다	du wäsch[e]st er wäscht	wusch	wüsche	gewaschen

부정법	직설법		접속법	과거분사
	현재	과거	II식	
weben 짜다		wob	wöbe	gewoben
weichen 물러나다		wich	wiche	gewichen
weisen 가리키다	du weis[es]t er weist	wies	wiese	gewiesen
wenden 돌리다	du wendest er wendet	wandt	wendete	gewandt
werben 선전하다	du wirbst er wirbt	warb	würbe	geworben
werden 되다	du wirst er wird	wurde	würde	geworden
werfen 던지다	du wirfst er wirft	warf	würfe (wärfe)	geworfen
wiegen 무게가 …이다		wog	wöge	gewogen
winden (휘)감다		wand	wände	gewunden
wissen 알고 있다	ich weiß du weißt er weiß	wusste	wüsse	gewusst
wollen 원하다	ich will du willst er will	wollte	wollte	gewollt
ziehen 끌다		zog	zöge	gezogen
zwingen 강요하다		zwang	zwänge	gezwungen